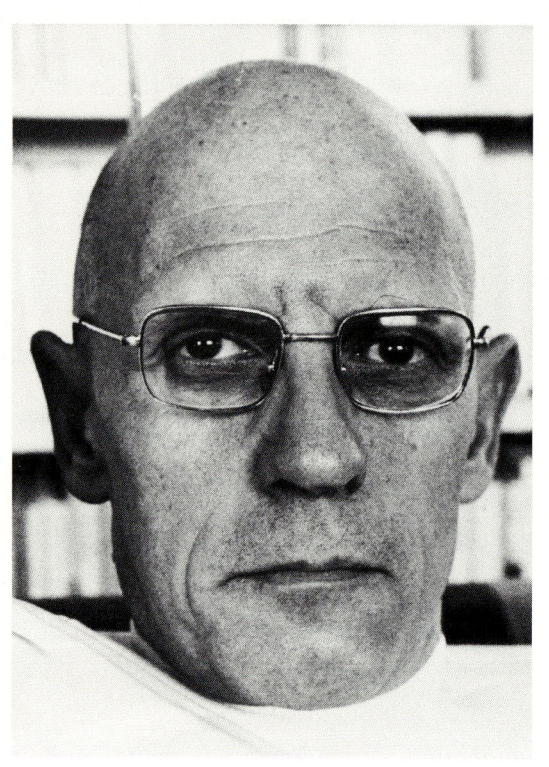

# Michel Foucault

dargestellt von Bernhard H. F. Taureck

Rowohlt

rowohlts monographien begründet von Kurt Kusenberg
herausgegeben von Wolfgang Müller und Uwe Naumann

Redaktionsassistenz: Katrin Finkemeier
Umschlaggestaltung: Walter Hellmann
Vorderseite: Michel Foucault, 1965
(© Marc Garanger, Paris)
Rückseite: Das Gefängnis Petite Roquette.
Zeichnung von G. Richard, 1902
(Roger-Viollet, Paris; © Harlingue-Viollet)
Frontispiz: Michel Foucault Ende der siebziger Jahre

3. Auflage November 2004

Originalausgabe
Veröffentlicht im Rowohlt Taschenbuch Verlag,
Reinbek bei Hamburg, Dezember 1997
Copyright © 1997 by Rowohlt Verlag GmbH
Satz Times PostScript Linotype Library, QuarkXPress 3.32
Gesamtherstellung Clausen & Bosse, Leck
Printed in Germany
ISBN 3 499 50506 1

# Inhalt

Michel Foucault bei einer Vorlesung im Collège de France

# Einleitung

Wer über Foucaults Leben und Werk schreibt, steht vor einer Wahl: Er muß zwischen der Darstellung biographischer und gedanklicher Vielfalt wählen. Hier fiel die Wahl auf die zweite Möglichkeit. Auch wenn dabei vieles und viele aus Foucaults Biographie erwähnt werden, so mußte zugleich eine Vielzahl von Personen und Ereignissen ungenannt bleiben. Der Akzent liegt auf einer philosophischen Dokumentation der Foucaultschen Themen und Argumente im Kontext einer durchgreifenden Veränderung der Philosophie, die häufig mit dem Namen «Poststrukturalismus» bezeichnet wird. Insbesondere zeigt sich dabei Foucaults Verhältnis zu Hegel, Nietzsche, Max Weber, Heidegger und Sartre in anderem Licht, als man es bisher zu sehen gewohnt war.

Die vorliegende Darstellung will weder mit den Foucault-Biographien von Didier Eribon und David Macey noch mit James Millers Studie über Foucaults Sado-Masochismus oder mit der unentbehrlichen, detaillierten Chronologie von Daniel Defert in Konkurrenz treten. Hier soll komplementär zu diesen Arbeiten ein Porträt Foucaults als philosophischer Autor gezeichnet werden.

Michel Foucault ist nach Henri Bergson und Jean-Paul Sartre der dritte französische Denker des 20. Jahrhunderts, dem Fachkreise weit überschreitende internationale Bekanntheit zuteil wurde. Im Unterschied zu Bergson oder Sartre stellt uns Foucault jedoch vor ein Rätsel: Vertritt er eine Philosophie (und nicht eine Ideengeschichte), oder vertritt er eine Philosophie (und nicht mehrere)? Es wird hier vorgeschlagen, Foucaults Schriften und Gelegenheitsäußerungen als Beiträge zu einer Analyse der Moderne zu lesen, die zugleich stets Möglichkeiten zur individuellen Befreiung von der bisherigen Moderne anzeigen.

Dies wird auch in einem Interview deutlich, das Foucault vier Jahre vor seinem Tod der Tageszeitung «Le Monde» gab. Er blieb dabei anonym, denn Foucault wollte an dieser Stelle nicht als international bekannter Name wirken, sondern durch die Tätigkeit des Philosophierens überzeugen. Der Leser sollte nicht zu einem Autorennamen, sondern zu dem Geschriebenen eine Beziehung aufbauen. In diesem Interview schlug er etwas vor, von dem er wußte, daß es unrealistisch ist: *Ich schlage ein Spiel vor, das des «Jahres ohne Namen». Ein Jahr lang würde man Bücher ohne Autorennamen veröffentlichen. Die Kritiker hätten mit einer rein anonymen Produktion klarzukommen. Aber vielleicht – wie mir gerade einfällt – hätten sie nichts zu sagen: alle Autoren würden das nächste Jahr abwarten, um ihre Bücher zu publizieren.*[1] Dies ist gegen eine Art der Kritik gerichtet, die darauf besteht, über andere zu Gericht zu sitzen. *Kaum zu glauben, wie scharf die Leute darauf sind zu richten. Überall und partout wird gerichtet. Wahrscheinlich handelt es sich hier um eines der einfachsten Dinge, wozu die Menschheit imstande ist.*[2] Hier klingen die beiden Themen zweier bedeutsamer Bücher Foucaults an – die Einkerkerung der Geisteskranken und die Gefängnispraktiken der Neuzeit. In der Praxis der literarischen Kritik, so legt Foucault zumindest indirekt nahe, sind immer noch Szenarien von Tribunal, Verurteilung und Bestrafung wirksam. Werden für die Gegenwart also die vergangenen Jahrhunderte der Moderne zum Verhängnis? Wird gar *gegenwärtig alles leer, öde, uninteressant und unbedeutend*, ist *die alte Leier von der Dekadenz* berechtigt?[3] Foucault wendet sich im Interview jedoch gegen jede Art spätmoderner Skepsis an der Fortsetzbarkeit der Moderne. Was jetzt möglich werde, sei vielmehr ein Fortschritt der Wißbegierde aller: *Ich träume von einem neuen Zeitalter der Wißbegierde (curiosité). Man hat die technischen Mittel dazu; das Begehren ist da; die zu wissenden Dinge sind unendlich; es gibt die Leute, die sich mit dieser Arbeit beschäftigen möchten. Woran leidet man? Am «Zuwenig»: ungenügende, quasi-monopolisierte, kurze, enge Kanäle. Es geht nicht darum, eine protektionistische Haltung einzunehmen, um zu verhindern, daß die «schlechte» Information durchkommt und die «gute» erstickt. Man müßte eher die Hin-und-Her-Wege und -Möglichkeiten vermehren. Kein Merkantilismus à la Colbert auf diesem Gebiet. Was nicht heißen soll, wie man es oft befürchtet, Uniformisierung und Nivellierung von unten aus. Sondern im Gegenteil, Differenzierung und Gleichzeitigkeit unterschiedlicher Netze.*[4] Dies bedeutet weniger eine Befürwortung der Moderne als Informationsgesellschaft oder eine Vorwegnahme des Internet und seiner Folgen, sondern ein Votum für eine Fortsetzung der Moderne als kommunikativer Pluralität, die insbesondere die Philosophie einschließt. Das Interview endet daher mit einer Bestimmung der Philosophie in der fortzusetzenden Moderne. *Man beklagt sich manchmal, daß es in Frankreich keine herrschende (dominante) Philosophie gibt. Um so besser. Keine souveräne Philosophie, das stimmt; aber immerhin eine Philosophie oder besser: Philosophie als Aktivität. Denn Philosophie ist eine Bewegung, mit deren Hilfe man sich nicht ohne Anstrengung und Zögern, nicht ohne Träume und Illusionen von dem freimacht, was für wahr gilt, und nach anderen Spielregeln sucht. Philosophie ist jene Verschiebung und Tranformation der Denkrahmen, die Modifizierung etablierter Werte und all die Arbeit, die gemacht wird, um anders zu denken, um anderes zu machen und anders zu werden als man ist.*[5] Philosophie wird hier nicht mehr als Wissenschaft, auch nicht als Grundlagenwissenschaft, sondern als eine Tätigkeit verstanden, das heißt als Philosophieren. Philosophie vollzieht sich nicht mehr als Herrschaft im Reich der Wissenschaften, sondern als individualisierende Tätigkeit. Damit versucht Foucault, seinen eigenen Bemühungen einen zusammenfassenden Namen zu geben. Der Denker der Moderne, so gibt er zu verstehen, wird dadurch ein moderner Denker sein, daß er Etabliertes verändert. Für Foucault schließt dies nicht nur die Produktion von Texten, sondern ebenso das politische Engagement ein.

Die vorliegende Monographie kann im Unterschied zu den bisherigen Foucault-Darstellungen auf die seit 1994 erschienene Edition der Foucaultschen kleineren Texte als *Dits et écrits* zurückgreifen. Im Februar 1997 wurden zudem erstmalig seine 1975/76 am Collège de France gehaltenen Vorlesungen im französischen Original (italienische und spanische Ausgaben gab es schon vorher) veröffentlicht. Diese Editionen ergeben kein gänzlich neues Bild, sie erlauben jedoch aufschlußreiche Einblicke in Werkstatt und Arbeitsweisen Foucaults. An einer Stelle zeigt sich indessen ein neuer Gesichtspunkt: Die letzte Vorlesung von 1976 skizziert eine Verbindung zwischen Bio-Macht und Rassismus, die in dieser Weise bisher nicht dokumentiert war.

Für die Monographie über Foucault erwiesen sich Gespräche als nützlich, die ich im April 1984 in Paris mit Yvon Bélaval und in Hamburg mit Daniel Defert über Foucault geführt habe. Hilfreich war auch ein Dialog mit Didier Eribon. Ihnen und vielen anderen mit Foucault Beschäftigten sei an dieser Stelle gedankt.

# Die Krisen des Anfangs

Paul-Michel Foucault wurde am 15. Oktober 1926 in Poitiers als zweites von drei Kindern geboren. Zu seiner Generation gehören unter anderen Jürgen Habermas (geb. 1929), Leszek Kolakowski (geb. 1927) oder Noam Chomsky (geb. 1928). Sein Vater und dessen männliche Vorfahren waren Ärzte. Zwei Brüder seiner Mutter dagegen betätigten sich als publizierende Philosophielehrer bzw. als Herausgeber der Werke von Rabelais und Montaigne. Die Familie Foucault war wohlhabend und in Poitiers sehr angesehen.

Kindheit und Studienzeit zeigen sich Foucault in einem späten Rückblick von 1982 als wenig glücklich: *Ich habe meine Kindheit in einem kleinbürgerlichen Milieu – dem des Frankreich der Provinz – verbracht.* In seinem Elternhaus herrschte *eine Verpflichtung zu sprechen, mit den Besuchern Konversation zu treiben.* Foucault, dessen Interviews den größten Teil seiner in vier Bänden gesammelten Gelegenheitsäußerungen ausmachen, fand die Sprechverpflichtung seiner Kindheit *sehr seltsam und sehr ärgerlich* und spricht sich für *eine Kultur des Schweigens* oder für ein *Ethos des Schweigens* aus.[6]

Der Rückblick auf die Kindheit in Poitiers am Vorabend des Zweiten Weltkriegs führt jedoch nicht nur zu Vorzügen des Schweigens, sondern zu einer sehr frühen Erfahrung von Politik und Geschichte, nämlich den Auswirkungen des europäischen Faschismus: *Ich erinnere mich sehr gut, daß ich einen meiner ersten großen Schrecken erlebte, als der Kanzler Dollfuß von den Nazis ermordet wurde. Das war, glaube ich, 1934. [...] Ich denke, daß ich dabei meine erste große Todesangst gefühlt habe. Ich erinnere mich auch an die Ankunft der spanischen Flüchtlinge in Poitiers. Und*

11

Michel Foucault mit seiner Schwester Francine

daran, daß ich mich in der Klasse mit meinen Schulkameraden über den Äthiopienkrieg gestritten habe. Ich denke, daß die Jungen und Mädchen meiner Generation eine von diesen großen historischen Ereignissen bestimmte Kindheit hatten. Der drohende Krieg war unser Hintergrund, war der Rahmen unseres Daseins. Dann kam der Krieg. Weitaus mehr als das Familiengeschehen waren es diese weltrelevanten Geschehnisse, die die Substanz unserer Erinnerung bilden. Ich sage «unser» Gedächtnis, weil ich fast sicher bin, daß die Mehrzahl der jungen Franzosen und Französinnen dieser Epoche dieselben Erfahrungen machten. Auf unserem Privatleben lastete eine echte Bedrohung. Das ist vielleicht auch der Grund, weshalb ich von der Historie fasziniert bin und von der Beziehung zwischen Privaterfahrung und den Ereignissen, in die wir uns einschreiben. Dort liegt, denke ich, der Kern meiner theoretischen Bestrebungen.[7]

Foucault als Meßknabe

Foucault entschließt sich 1937 nicht, wie sein Vater erwartet, Arzt, sondern Historiker zu werden. Dies aber wird als ein *für die Familie inakzeptabler Status* betrachtet, jedenfalls solange *man nicht an der Sorbonne ist.*[8] Auf Bitten der aus einer voltairianisch-aufgeklärten Familie stammenden Mutter gibt der Vater nach. Foucaults 1933 geborener Bruder Denys wird die väterliche Mediziner-Tradition fortsetzen. Foucault selbst bekundet später

Eine Skipartie mit seiner Schwester und seinem Vater

als Historiker ein lebhaftes Interesse an der Medizin. Im Juni 1984 weist sein Bruder den todkranken Foucault in das Pariser Krankenhaus Saint-Michel ein.

Der Krieg zog auch in Poitiers ein. Deutsche Soldaten patrouillierten in den Straßen, und es kam zu Verhaftungen, Foucaults Philosophielehrer wurde später als Mitglied der Résistance verhaftet und tauchte nie wieder auf. Am 16. Juni 1940 verkündete Marschall Pétain die Kollaboration mit Hitler und pries sie als «ordre nouveau». Jeder Schultag begann mit einem gesungenen «Marschall, wir sind da» («Maréchal, nous voilà»). 1944, kurz vor der Befreiung, bombardierten die Alliierten Poitiers.

1946 tritt Michel Foucault in die französische Eliteschule École normale supérieure in der rue d'Ulm nahe dem Panthéon ein. Er ist «ein junger, lachender Mann mit lebhafter Gestik», von dem es heißt, er sei «intelligent wie alle Homosexuellen». Sein um drei

Der achtzehnjährige Foucault

Jahre jüngerer Mitschüler und lebenslanger Freund Maurice Pinguet (gestorben 1991) hat 1986 die wertvollste Darstellung der Pariser Lehrjahre Foucaults gegeben. «Er liebte», berichtet Pinguet,
«brillante Formulierungen und Wortspiele. Er lachte gern. [...] Er
war neugierig auf alles, neugierig vor allem auf Menschen, schnell
bereit, neue Ideen aufzunehmen und neuen Gesichtern zu begeg-

Die Klasse des Collège Saint-Stanislaus
in Poitiers, 1944

Der Phänomenologe
Maurice Merleau-Ponty,
1939

nen. Niemals habe ich ihn blasiert oder auch gleichgültig gesehen. Aber er war ungeduldig [...] manchmal sarkastisch bis zur Bitterkeit. [...] Er war unbarmherzig gegenüber Illusionen, und niemand glaubte weniger an etwas als er.»[9] Nach außen hin findet Foucault Anerkennung: Er wiederholt die im Oktober 1945 nicht bestandene Aufnahmeprüfung für die École normale im Juli 1946 mit Erfolg, lebt im Kreis der Eliteschüler und schließt dauerhafte Freundschaften mit seinen Mitschülern Maurice Pinguet, Pierre Bourdieu und Paul Veyne. Gehörte es zum guten Ton an der Eliteschule, «so zu tun, als verachte man Sartre»[10], so ist Foucault vor allem von einem Zeitgenossen Sartres fasziniert, nämlich dem Phänomenologen Maurice Merleau-Ponty, der seine Studenten mit dem damals noch wenig bekannten Linguisten Ferdinand de Saussure bekannt macht. Foucault plant unter dem Einfluß der Vorlesungen Merleau-Pontys eine Doktorarbeit über die Entstehung der Psychologie bei den Nachfolgern von Descartes. Im Februar

1949 schließt er seine philosophische Diplomarbeit über Hegel ab, die von dem international renommierten Hegel-Forscher Jean Hyppolite betreut wird. Am Ende seiner Antrittsvorlesung am Collège de France vom 2. Dezember 1970 kommt Foucault ausführlich auf das zu sprechen, was er dem Hegelianismus Jean Hyppolites verdankt: *Nicht nur ich schulde Jean Hyppolite Dank: denn er hat für uns und vor uns den Weg durchlaufen, auf dem man sich von Hegel entfernt und Distanz nimmt, auf dem man aber auch wieder zu ihm zurückgeführt wird, allerdings anders und so, daß man ihn von neuem verlassen muß.* Dann folgert Foucault aus dem Unterricht von Jean Hyppolite im Hinblick auf den Status der Philosophie im allgemeinen: *So erscheint der Gedanke einer gegenwärtigen, unruhigen Philosophie, die auf der ganzen Linie ihrer Berührung mit der Nicht-Philosophie beweglich ist, nur dank dieser existiert und uns den Sinn dieser Nicht-Philosophie enthüllt.*[11] Auf die Frage, aus welchen ursprünglichen Gründen er Philosoph geworden sei, antwortet Foucault in der Rückschau von 1982 eher ausweichend: *Ich glaube nicht, jemals den Plan, Philosoph zu werden, gehabt zu haben. Ich hatte keine Vorstellung von dem, was ich aus meinem Leben machen würde. Auch das ist, wie ich glaube, charakteristisch genug für meine Generation. Wir wußten nicht, als wir zehn oder elf Jahre alt waren, ob wir Deutsche werden oder ob wir Franzosen bleiben würden. Wir wußten nicht, ob wir sterben oder die Bombardierung überleben würden. Als ich sechzehn oder siebzehn war, wußte ich nur eins: Das Leben in der Schule war eine vor äußeren Bedrohungen, war eine vor der Politik geschützte Umgebung. Und die Vorstellung, in einem geschützten Studier- und Intellektuellenmilieu zu leben, hat mich immer fasziniert. Wissen ist für mich das, was als Schutz der individuellen Existenz funktionieren soll und was zum Verständnis der Außenwelt dient. Darum geht es. Das Wissen als ein Mittel zum Überleben, das sich dem Verständnis verdankt.*[12] Wir wissen nicht, warum Foucault sich der Philosophie gewidmet hat. Er scheint den Schutzraum des Wissens überhaupt gesucht zu haben, Philosophie verstand er später als eine *philosophische Tätigkeit*, mit deren Hilfe man erreichen kann, *anders zu werden als man ist.*[13] Unvermittelt als Philosoph vermochte er sich nicht zu sehen: *Ich betrachte mich nicht als einen Philosophen. Das ist keine falsche Bescheidenheit. [...] die Philosophie, verstanden als autonome Tätigkeit, ist verschwunden [...] die Philosophie ist heute nicht mehr als der Beruf eines Universitätslehrers.*[14]

Wenn Foucault das Wissen als Schutzraum und Mittel zum Überleben bezeichnet, so stehen dahinter Erfahrungen, die er, wie oft in seinen Interviews und auch seinen Schriften, eher ausspart und verbirgt als offenbart. Die Pariser Jahre an der École normale und der Sorbonne scheinen nicht glücklich gewesen zu sein. Der nach außen brillante Foucault hat vermutlich versucht, sich im Dezember 1948 zu töten. Danach leidet er unter Angstzuständen, setzt exzessiv das Überlebensmittel Arbeit und gegen Angst den Alkohol ein. Im Juni 1950 unternimmt er einen erneuten Suizidversuch. Im Oktober 1950 macht er eine kurze Entziehungskur. Foucault ist der Ansicht, er benötige psychiatrische Betreuung und plant einen stationären Aufenthalt in der Klinik Sainte-Anne. Darüber kommt es zu einem Streit mit seinem Vater. Louis Althusser, seinem philosophischen Betreuer an der École

Louis Althusser, 1978

L'inconscient.

<u>1ère p.</u> : Inconscient et représentation.

Il y a p.ê. et présence sans représentation. De
+ et la — quoi implique l'inconscient :
↑ moins de conscience ; et ↑ de réalité.
De même l'association libératrice : petite
perception...

1/ Bergson et l'inconscient y mémoire
— réalité spatiale de l'inconscient
— l'effort spirituel.

2/ Durkheim et la représentation collective.

B dimension du conflit.

2ième p. Inconscient et conflit

1/ Janet et la cc. y conflit. D'où
caractère relatif de la cc.

2/ Freud : — la cc. est elle aussi relative
— l'inconscient y résultat d'un
conflit.
— le surmoi est aussi l'inconscient.

3/ D'où critiques de l'inconscient
freudien : l'inconscient y chose.

3ième p. L'Inconscient et le cogito

S'il put envisager la réalité humaine
à la 1ère personne, c/m admettre 1 inconscient.

1 L'inconscient chez Descartes et Kant.
Apparition de la réflexion.

2 La cc. thétique et non thétique.
Ms de la mauvaise foi. Conscience inconscient

3 Merleau-Ponty : l'implicite de la
réflexion.

normale, gelingt es jedoch, Foucault von der Selbstpsychiatrisierung abzuhalten.

Foucault beschäftigt sich während seiner Ausbildung nicht nur mit Philosophie, er studiert auch Psychologie und setzt sich dabei auch theoretisch mit Psychopathologie und Psychiatrie auseinander. Die Psychoanalyse lernt er in Form einer kurzen Therapie kennen, aber auch durch ausgedehnte Lektüre Freuds und durch die Seminare von Jacques Lacan in der Klinik Sainte-Anne, die er seit Januar 1953 besucht. Lacan scheint er bewundert zu haben, aber Pinguet berichtet auch: «Er lachte beim Sprechen, wenn nicht über Lacan, so in jedem Fall über die Lacanianer» und «mokierte sich über jene, die ihr Brot damit verdienen, ‹indem sie ihr Ohr verleihen›».[15] Nach dem Tod Lacans bemerkt Foucault jedoch später in einem Interview mit dem «Corriere della Sera»: Lacan suchte *eine Theorie des Subjekts [...]. Wenn ich zu den fünfziger Jahren zurückgehe, zu der Zeit, wo ich als Student die Werke von Lévi-Strauss und die ersten Texte von Lacan las, so scheint mir folgendes das Neue gewesen zu sein: Wir entdeckten, daß die Philo-*

Der Psychoanalytiker
Jacques Lacan

*sophie und die Humanwissenschaften von einer sehr traditionellen Konzeption des menschlichen Subjekts lebten und daß es nicht genügte, mal mit den einen zu sagen, das Subjekt sei radikal frei, mal mit den anderen, es sei von sozialen Bedingungen determiniert. Wir entdeckten, daß man all das befreien müsse, was sich hinter dem augenscheinlich einfachen Gebrauch des Pronomens «ich» verbirgt. Das Subjekt: eine komplexe, zerbrechliche Angelegenheit, worüber sich nur schwer sprechen läßt und ohne welche wir nicht sprechen können.*[16] Vielleicht bezieht sich diese Bemerkung auch auf jene Solidarität in der Sache, die ihm Lacan 1969 bewiesen hatte. Am 22. Februar 1969 trug Foucault in Paris sein *Was ist ein Autor?* vor. Leitende Absicht war hierbei: *Es handelt sich darum, dem Subjekt (oder seinem Substitut) seine Rolle als Ursprungsfundierung zu nehmen und es als eine veränderliche und komplexe Funktion des Diskurses zu analysieren.*[17] Der marxistische Literaturtheoretiker Lucien Goldmann hielt Foucault daraufhin entgegen, nicht Strukturen, sondern Menschen machten Geschichte. Lacan dagegen unterstrich, es gehe nirgendwo um die Negation, sondern allein um die «Abhängigkeit» des Subjekts von den Signifikanten.[18] Foucaults Verabschiedung der humanistischen Hypothesen über das Subjekt zugunsten des Nachweises, wie Subjekte historisch konstituiert wurden, schließt an Lacan und Althusser zugleich an. Sowohl der psychoanalytische Theoretiker Lacan als auch der marxistische Philosoph Althusser hatten umfassende Theorien konzipiert, in denen der Begriff des Subjekts nicht mehr konstitutiv war.

In der von Freitodwünschen, Alkohol und Arbeitsintensität bestimmten frühen Krisenzeit schreibt Foucault an einen beunruhigten Freund: *Laß mich schweigen, [...] laß mich die Nacht vertreiben, mit der ich mich am hellichten Tage zu umgeben angewöhnt habe.*[19] Unter dem Eindruck des Indochina-Kriegs – der im Juli 1954 mit dem Rückzug der Franzosen endet – tritt Foucault 1950 in die «Parti Communiste Français» (P.C.F.) ein. Doch schon im Mai 1951 distanziert er sich innerlich von der Partei und verläßt sie im Oktober 1952 wieder. Im August 1950 unternimmt er eine erste Studienreise ins Ausland (Göttingen) und erwägt, nach Abschluß seiner Examina Frankreich in Richtung Dänemark zu verlassen. An die P.C.F. hat sich Foucault nicht wieder

Karl Marx.
Foto von John Mayall,
London. Vor 1875

angenähert. 1968 versteht er sich unter dem Eindruck der Lektüre von Trotzki zeitweilig als Trotzkist. Über Marx bemerkt er gegen Ende seines Lebens: *Es ist sicher, daß Marx, selbst wenn man annimmt, daß Marx jetzt bald verschwindet, eines Tages wieder auftauchen wird. Was ich mir wünsche, [...] ist Marxens Befreiung von der Parteidogmatik.*[20] Pierre Bourdieu ist sogar der Ansicht, das Gesamtwerk Foucaults werde von einem Dialog mit Marx durchzogen.[21]

# Nietzsche als Wegweiser

Das Jahr 1953 gehört zu den produktivsten Abschnitten in Foucaults Leben. Zwar bleibt das Alkoholproblem, und er fühlt sich *einsamer als zuvor*[22], zugleich jedoch gewinnt er intensiven Zugang zur Dichtung seiner Zeit. Er liest zusammmen mit Pinguet die Surrealisten, er entdeckt den Dichter René Char und verliert gleichzeitig das Interesse an der Poesie von Saint-John Perse. Der Besuch einer Aufführung von Samuel Becketts «Warten auf Godot» im Januar 1953 wirkt wie ein Schock auf ihn: *Für mich kam der Einschnitt mit Beckett: «Warten auf Godot», ein atemberaubendes Stück. Danach habe ich Blanchot, Bataille, Robbe-Grillet, [...] auch Butor, Barthes [...] und Lévi-Strauss gelesen.*[23] Den frühen Beckett wird er erst 1968 wiederlesen.

Im Jahr 1954 erscheinen fast gleichzeitig die ersten beiden Schriften Foucaults. Es handelt sich um eine lange Einleitung zur französischen Übersetzung von «Traum und Existenz» des an Heidegger sich anlehnenden Schweizer Psychiaters Ludwig Binswanger und um das erste eigenständige Buch Foucaults unter dem Titel *Geisteskrankheit und Persönlichkeit*[24]. Auf beide Arbeiten ist Foucault später nicht wieder zurückgekommen. Nichts von dem, was man mit seinem Namen heute zumeist verbindet, ist in ihnen zu finden. Anders als in seinen späteren historisch-genealogischen Studien gehorcht hier Foucault der Tendenz dieser Jahre und äußert sich grundsätzlich und systematisch zu Philosophie und Psychologie. Besonders aufschlußreich erscheint in seinem ersten Buch seine Analyse der Angst. *Mit der Angst befinden wir uns im Zentrum der pathologischen Bedeutungen. Unter allen Schutzmechanismen, die die einzelnen Krankheiten bestimmen, tritt die Angst in Erscheinung. [...] Die Krankheit läuft [...] nach*

Samuel Beckett: «Warten auf Godot». Szenenfoto aus einer Inszenierung des Autors am Schillertheater Berlin, 1975. Mit Horst Bollmann als Estragon und Stefan Wigger als Wladimir

*Art eines circulus vitiosus ab: der Kranke schützt sich durch seine aktuellen Abwehrmechanismen gegen eine Vergangenheit, deren heimliche Gegenwart die Angst aufsteigen läßt; andererseits schützt sich das Subjekt gegen die Eventualität einer gegenwärtigen Angst*

25

*dadurch, daß es auf die ehemals im Verlauf ähnlicher Situationen eingesetzten Schutzmaßnahmen rekurriert.*[25] Der Name Heideggers erscheint ausdrücklich im Text, und Foucaults Heidegger-Lektüre ist seit Oktober 1951 belegt. Heidegger war in «Sein und Zeit» (1927) davon ausgegangen, daß das menschliche Dasein das Seiende im ganzen überschreite und damit die Voraussetzung schaffe, sich zum Seienden und zu sich selbst zu verhalten. Was sich, so Heidegger weiter, in den Momenten der Angst zeige, sei ein Hineingehaltenwerden in das «Nichts». Die Angst habe erschließenden Charakter, durch sie entdecke das Individuum das Nichts. Ganz anders Freud in seiner Studie «Hemmung, Symptom und Angst» aus derselben Zeit (1926): Angst sei ein Abwehrmechanismus des Ich. Angstsignale weisen auf einst erlebte Angststrukturen zurück, um eine Abwehr zu ermöglichen. Damit revidiert Freud seine vormalige Ansicht, wonach Angst ein Anzeichen, ein Erschließen des nicht bewältigten Unbewußten sei. Was bietet demgegenüber Foucaults Theorie der Angst? An Heidegger erinnert, daß die Angst dasjenige Phänomen darstellt, wodurch wir die psychischen Störungen eigentlich erkennen. Angst erschließt jedoch nicht das Seiende oder das Nichts, sondern sie läßt ihren Störungscharakter für Beobachter zugänglich werden. Die Angst selber besteht in einem Circulus vitiosus zwischen der Abwehr gegen Vergangenes durch gegenwärtige Schutzmaßnahmen und der Abwehr gegen gegenwärtige Angst durch vergangene Schutzmaßnahmen. Foucault bietet demnach eine paradoxe Kombination zwischen Freuds älterer (und von diesem selbst revidierter Ansicht) und seiner neuen Deutung, wonach Angst der Selbsterhaltung des Ich dient. Methodisch sucht Foucault zugleich den Anschluß an Heideggers Ausgang vom faktischen Dasein des Menschen, wenn er schreibt, die Angst sei *gleichsam ein Apriori der Existenz,* und: *Das Bewußtsein, das der Kranke von seiner Krankheit hat, ist absolut original.*[26]

Die ausführliche Einleitung zu Binswangers «Traum und Existenz» zeigt Foucault ein einziges Mal als Autor, der mit einem systematischen philosophischen Anspruch auf die Konstitution von Welt auftritt. Ausgehend von Binswanger möchte Foucault Traumerfahrung *für das Verständnis existentieller Strukturen* nutzen und zugleich eine *Anthropologie der Einbildungskraft* konzi-

Sigmund Freud, etwa 1921

pieren.[27] Mit Binswanger sucht Foucault Anschluß an jene vor-
psychoanalytischen Traumtheorien, wonach der Traum keine
bloße Reihung von Bildern darstellt, sondern mit imaginärer Erfahrung und Erkenntnis zu tun hat: *So wie jede Imaginations-Er-
fahrung ist das Träumen eine anthropologische Anzeige von Transzendenz, und in diesem Transzendieren zeigt er dem Menschen die
Welt, indem er selber Welt wird und selber die Gestalten von Licht
und Feuer, von Wasser und von Dunkelheit annimmt. Die Geschichte des Traumes lehrt uns für seine anthropologische Bedeutung, daß er Offenbarung der Welt in ihrer Transzendenz ist – aber
auch Modulierung der Welt in ihrer Substanz, in ihrer Materialität.*[28]
Foucault rührt hier an Themen, die nicht nur von Binswanger,
sondern intensiv von den französischen Autoren Jean-Paul Sartre
(«Das Imaginäre», 1940) oder Gaston Bachelard («Die Luft und
die Träume. Essay über die Imagination der Bewegung», 1943)

27

behandelt wurden. Um zum Beispiel einen Zentaur zu imaginieren, so Sartre, benötige ich eine Welt, eine Vorstellung vom Zentaur und die Vorstellung einer Welt, in welcher ein Zentaur nicht existiert. Das Imaginieren geschieht dabei konstituierend, isolierend und negierend. Entscheidend ist für Sartre, daß die Imagination sich als Negation von Existierendem betätigt. Das zeige, daß das Bewußtsein Freiheit vom Sein bedeutet. Sartre hat darauf seine Ästhetik gebaut: Die Kunst stelle das Faszinosum einer beständigen Abwesenheit, eines dauernden Anderswoseins dar. Foucault folgt Sartre faktisch, wenn er von einer *authentische[n] Freiheit des Imaginierens* spricht.[29] Zugleich ist er bemüht, Sartres These vom negierenden Charakter der Imagination zu bestreiten. Der letzte Teil seiner Einleitung zu Binswangers Buch liest sich im übrigen wie der Versuch einer Bekämpfung Sartres auf dem Boden einer von Sartre abhängigen Begrifflichkeit. Foucault lehnte Sartre seit 1953 wegen dessen Kritik an Bataille ab. Sartre liefere hier *ein derartiges Denkmal von Nichtverstehen, Ungerechtigkeit und Arroganz, […] so daß ich seither entschieden für Bataille und gegen Sartre gewesen bin*[30]. In den siebziger Jahren wird Foucault jedoch gemeinsam mit Sartre auf den Straßen von Paris demonstrieren. Und er wird sich 1980 dem Trauerzug bei Sartres Begräbnis anschließen. Katharina von Bülow berichtet, Foucault habe bei dieser Gelegenheit von einem intellektuellen *Terrorismus* gesprochen, den Sartre früher auf Andersdenkende ausübte.[31]

Gegen Sartres These, Imagination sei kraft ihrer Negation des Wirklichen Ausdruck der Freiheit des Bewußtseins, setzt Foucault die Behauptung, die Imagination sei an der Konstitution von Wirklichkeit beteiligt: *Meine Wahrnehmung selbst wird imaginär, obwohl sie ganz Wahrnehmung bleibt.* Wenn jemand seinen Freund Pierre treffe, dann gelte: *Auch meine Worte und meine Gefühle sind imaginär, imaginär ist dieses Zwiegespräch, das ich tatsächlich mit Pierre führe, imaginär ist diese Freundschaft. Und trotzdem ist dies keineswegs falsch oder bloß illusorisch. Das Imaginäre ist kein Modus des Irrealen, sondern durchaus ein Modus der Aktualität, eine Form, die Gegenwart von der Seite her aufzufassen, um so ihre ursprünglichen Dimensionen zu berühren.*[32] Auch Foucault verbindet Imagination und Negation. Die Imagination negiert jedoch nicht, wie bei Sartre, das Existierende, sondern das Bild (l'image). Ausdrücklich im Gegensatz zu dem ansonsten gelobten Bachelard betont Foucault, daß die Arbeit des Dichters auf Bildzerstörung gerichtet sei. *Die Bilderfinder spüren den Ähnlichkeiten und Analogien nach; die Imagination in ihrer eigentlichen dichterischen Funktion meditiert über die Identität. Zwar wandert sie durch ein Universum von Bildern; aber nicht um sie zu befördern und zu vereinen, sondern um sie zu zerbrechen, zu zerstören und zu verzehren. Die Imagination ist wesentlich bilderstürmerisch. Die Metapher ist die Metaphysik des Bildes – wie die Metaphysik die Zerstörung der Physik ist.*[33] Foucault scheint also die Metapher als gelingende Identitätsbeziehung zwischen verschiedenen Vorstellungen zu betrachten. Das Beweisziel seiner Ausführungen wird deutlicher, wenn er eine Kennzeichnung psychischer Störungen unternimmt: *Bei dem Kranken besteht nichts mehr außer der Fähigkeit, Bilder zu haben. Bilder, die um so stärker und konsistenter sind, je mehr die ikonoklastische Imagination sich ihnen entfremdet hat. [...] die Psychotherapie müßte auf Befreiung des im Bild eingeschlossenen Imaginären zielen.*[34]

Über das Thema der psychischen Störung und ihrer Therapie gelangt Foucault abschließend dazu, die Imagination nicht bloß als Bezug auf etwas, sondern als Bezug auf den anderen Menschen zu denken. Die Imagination wird jetzt zu *Stil, Austausch* und *Ausdruck*. Es eröffnet sich eine neue Möglichkeit für das Bild: Es *bezeichnet nicht mehr etwas, sondern richtet sich an jemanden. Das Bild erscheint nunmehr als eine Modalität des Ausdrucks und findet seinen Sinn in einem Stil, sofern man unter «Stil» die ursprüngliche Bewegung der Imagination verstehen kann, wenn sie die Züge des Austausches annimmt. [...] Der Ausdruck ist Sprache, Kunstwerk, Ethik.* Der Text endet mit einem ethischen Akzent: *Das Glück kann, empirisch verortet, nur das Glück des Ausdrucks sein.*[35]

Im Sommer 1953 entdeckt Foucault Friedrich Nietzsche für sich. Pinguet berichtet: «Hegel, Marx, Heidegger, Freud: das waren 1953 seine Bezugsgrößen, als sich die Begegnung mit Nietzsche ereignete, der mehr als irgendein Denker das eigentliche Abenteuer seines Denkens verkörperte.» Was bei ihm, berichtet Foucault 1983, *erstmals den Wunsch, eine persönliche Arbeit zu leisten, geweckt hat,*

Friedrich Nietzsche,
1882

*ist die Nietzsche-Lektüre gewesen*[36]. Pinguet: «Ich sehe wieder Michel Foucault vor mir, der in der Sonne am Strand von Civitavecchia ‹Unzeitgemäße Betrachtungen› liest. Wir waren in dem kleinen Wagen, den er damals besaß – eine grüne Ente – kurz vor dem 15. August für zwei Wochen nach Italien gefahren. Wir hatten kaum Zeit zu lesen und waren zu sehr mit dem beschäftigt, was wir auf Schritt und Tritt zu entdecken hatten. Manchmal jedoch, während einer Pause von einer halben Stunde, sah ich ihn am Strand oder auf der Terrasse eines Cafés dieses Buch, eine zweisprachige Ausgabe, aufschlagen und seine Lektüre fortsetzen.» Als Pinguet einige Jahre später zu Foucault bemerkt, er müsse ein Buch über Nietzsche schreiben, erwiderte dieser: «Eben weil ich ihn zu sehr bewundere, denke ich nicht daran. Man müßte derartig stark, derartig genial sein, um sich an diesem Denken messen zu können.»[37] Trotzdem gibt es Gründe für die Vermutung, Foucault habe in den Jahren 1954/55 eine Doktorarbeit, in jedem Fall aber ein Buch über Nietzsche begonnen.[38]

Friedrich Nietzsche brauchte im Nachkriegsfrankreich von Foucault nicht wiederentdeckt zu werden, denn er war vor ihm von Paul Valéry, André Gide, André Malraux, Georges Bataille und als Theoretiker auch von Albert Camus rezipiert worden. Sartre hat sich ebenfalls ausführlich mit Nietzsche beschäftigt. Während Sartre – anders als Georges Bataille – Nietzsche gegenüber grundsätzlich kritisch eingestellt blieb und sich in einem langen, bisher nicht publizierten Manuskript mit ihm auseinandergesetzt hat, beschäftigte Foucault sich nicht zusammenhängend mit Nietzsche, sondern hat lediglich zwei Vorträge veröffentlicht, in denen Nietzsche eine Rolle spielt. Im Zuge seiner scharfen Diskussion mit Sartre bemerkte Foucault 1966, Sartre befasse sich im Unterschied zu Heidegger oder Jaspers nicht mit Nietzsche, und dies *vielleicht deshalb, weil er seit langem aufgehört hat, zu philosophieren*[39]. In Wirklichkeit hatte sich Sartre 1952 in seinem Buch über Genet ausführlich und kritisch mit Nietzsches Lehre von der ewigen Wiederkunft auseinandergesetzt.

Bereits im Oktober 1953 hält Foucault Lehrveranstaltungen über Nietzsche an der Universität Lille. Sein Verhältnis zu Nietzsche ist und bleibt – ebenso wie das Nietzsche-Bild von Gilles Deleuze, den er im Februar 1962 kennenlernt – scheinbar gänzlich bejahend. Foucault und Deleuze praktizieren vielfach eine nietzscheanische Orthodoxie, die Heidegger, Jaspers oder Sartre fremd gewesen ist. Trotzdem bleibt Foucaults Beziehung zu Nietzsche zweideutig und schwankt zwischen dem Gefühl rein persönlicher Stimulierung und methodologischer Anregung. Das Aperçu Paul Valérys, wonach Nietzsche keine Nahrung, sondern ein Stimulans oder ein Aufputschmittel sei, gilt auch für Foucault.[40]

Auf einem Nietzsche gewidmeten Kolloquium in Royaumont stellt Foucault 1964 Nietzsche mit Marx und Freud zusammen. Sein Interesse gilt dabei dem methodologisch Gemeinsamen der drei Denker: Es liegt nach Foucault im *Unabgeschlossenen der Interpretation*. Interpretation sei grundsätzlich unabschließbar, denn

Der Philosoph
Gilles Deleuze, 1991

*es gibt nur Interpretationen.* Am Ende votiert Foucault gegen eine
Hermeneutik, die an starre Bezeichnungen glaubt. Die aber sei ein
Zeichen des Marxismus. Dagegen stehe im Namen Nietzsches eine
andere Art Hermeneutik. Sie *betritt den Bereich von Sprachen, die
sich pausenlos selbst implizieren, jene gemeinsame Region des
Wahnsinns und der reinen Sprache. An dieser Stelle erkennen wir
Nietzsche wieder.*[41] In seinen Essay *Nietzsche, die Genealogie, die
Historie* von 1971 geht Foucault ausführlicher auf Nietzsche ein.
Dabei umschreibt er eine Kategorie, die seit dem späten Heideg-
ger von verschiedenen französischen Denkern mit unterschied-
lichem Inhalt an zentraler Stelle eingesetzt wird, das «Ereignis».
Foucault bestimmt es im Rückgriff auf Nietzsche als zufälliges Er-

gebnis von Kämpfen, sofern diese den Gegenstand von Geschichtsschreibung bilden: *Das Wissen dient nicht dem Verstehen, sondern dem Zerschneiden. Von daher läßt sich der historische Sinn, wie ihn Nietzsche versteht und der die «wirkliche Historie» von der traditionellen Historie abhebt, fassen. Jene kehrt die Beziehung zwischen dem Einbruch des Ereignisses und der kontinuierlichen Notwendigkeit, wie sie gewöhnlich gesehen wird, um. Eine ganze (theologische oder rationalistische) Tradition der Geschichtsschreibung möchte das einzelne Ereignis in eine ideale Kontinuität verflüchtigen: in eine teleologische Bewegung oder in eine natürliche Verkettung. Die «wirkliche» Historie läßt das Ereignis in seiner einschneidenden Einzigkeit hervortreten. Mit Ereignis ist nicht Entscheidung, ein Vertrag, eine Regierungszeit oder eine Schlacht gemeint, sondern die Umkehrung eines Kräfteverhältnisses, der Sturz einer Macht, die Umfunktionierung einer Sprache und ihre Verwendung gegen die bisherigen Sprecher, die Schwächung, die Vergiftung einer Herrschaft durch sie selbst, das maskierte Auftreten einer anderen Herrschaft. Die Kräfte im Spiel der Geschichte gehorchen weder einer Bestimmung noch einer Mechanik, sondern dem Zufall des Kampfes.*[42]

Im Jahr 1967 bemerkt Foucault: *Im Hinblick auf den Einfluß, den Nietzsche auf mich gehabt hat, könnte ich diesen nur schwer präzisieren. Denn ich weiß, wie tief er gewesen ist. Ich möchte [...] nur sagen, daß ich ideologisch «Historizist» und Hegelianer gewesen bin, bis ich Nietzsche gelesen habe.*[43]

In seiner Spätzeit wird sich Foucault von Nietzsches Positionen erheblich entfernen, ohne ihn dabei zu erwähnen. Auch gegen Georges Bataille wird er seine Position ohne Namensnennung abgrenzen.[44] Im Mai 1984 betont Foucault, daß es noch einen anderen deutschen Philosophen gibt, dem er viel, vielleicht sogar alles verdankt. Es handelt sich um den 1976 verstorbenen Martin Heidegger, ohne welchen Foucault keinen dauerhaften Zugang zu Nietzsche gefunden hätte: *Meine gesamte philosophische Entwicklung ist durch meine Heidegger-Lektüre bestimmt worden. [...] In den fünfziger Jahren hatte ich versucht, Nietzsche zu lesen, aber Nietzsche allein sagte mir nichts! Dagegen Nietzsche und Heidegger, das ist der philosophische Schock gewesen! Aber ich habe niemals etwas über Heidegger geschrieben.*[45]

Martin Heidegger beim Kolloquium zu seinem
70. Geburtstag, 1959

Nach dem zweiten großen Einfluß neben Nietzsche (und Heidegger) gefragt, gibt Foucault die Zwölftonmusik an, sie verkörperte sich für ihn in seinem engen Freund Jean Barraqué
(1928–1973) und in Pierre Boulez, den er nur gelegentlich traf.
*Wenn meine Erinnerung mich nicht trügt, so verdanke ich die erste
große kulturelle Erschütterung den seriellen französischen Zwölf-
tonkomponisten [...] wie Boulez und Barraqué.* Barraqué, mit dem
Foucault im übrigen an den Abgrund des Alkoholismus geraten
zu sein scheint und von dem er sich wiederholt zu trennen versuchte, *hat eine 1955 aufgeführte Kantate komponiert, deren Text
ein Nietzsche-Text ist, den ich ihm besorgt hatte* [46].

Der Religionswissenschaftler Georges Dumézil, 1980

Michel Foucault, seit Oktober 1952 Assistent für Psychologie an der geisteswissenschaftlichen Fakultät in Lille und Repetitor für Philosophie an der École normale, kann sich im Herbst 1955 endlich den Wunsch erfüllen, Frankreich zu verlassen. Durch Vermittlung seines Freundes Raoul Curiel verschafft ihm der Religionshistoriker Georges Dumézil einen der «Spitzen-Jobs für kulturelle Beziehungen»[47], nämlich die Leitung des Maison de France im schwedischen Uppsala. Seine Bilanz der Jahre in Schweden lautet zehn Jahre später, der Aufenthalt habe ihm *zu erkennen erlaubt, was wir in fünfzig oder hundert Jahren sein werden, wenn wir alle reich, glücklich, aseptisch geworden sind*[48]. Die Lebensweise in

Schweden mag ihm als Erfüllung jener Voraussage Nietzsches von «letzten Menschen» erschienen sein, die alle satt und gleich sind und das «Glück erfunden» haben. Denn insgesamt soll gelten: *Wir sind tatsächlich die letzten Menschen im Sinne Nietzsches.*[49]

Das schwedische *Exil*[50] findet nicht nur in Schweden statt. In einem weißen Jaguar mit schwarzen Ledersitzen bricht Foucault zwischen Uppsala und Paris zwischendurch Geschwindigkeitsrekorde. Im Dezember 1955 lernt er in Paris Roland Barthes kennen. Beide verbindet eine Freundschaft, die erst der tödliche Unfall Barthes' im Jahr 1980 beendet. Im März 1956 lernt Foucault in Uppsala Georges Dumézil auch persönlich kennen, der später seine Berufung an das Collège de France maßgeblich beeinflussen wird.

In Uppsala gibt Foucault französische Sprachkurse, er hält ein Seminar über das französische Theater und veranstaltet eine Vortragsreihe über «Die Liebe von de Sade bis Genet». Er gewinnt neben Barthes, Marguerite Duras oder Claude Simon auch Jean

Michel Foucault in Schweden, 1957

Michel Foucault mit seinem weißen Jaguar in Schweden, 1958

Hyppolite (unter anderem über «Hegel und Kierkegaard in der französischen Gegenwartsphilosophie») und im Dezember 1957 den jungen Nobelpreisträger Albert Camus zu Vorträgen.

Neben seinen Lehrverpflichtungen beginnt Foucault die Arbeit an seinem ersten großen Werk, der Geschichte des Wahnsinns in der Neuzeit. Angesichts der überlangen Zeiten für Doktorarbeiten in Frankreich möchte er sein Projekt in Schweden einreichen. Der einflußreiche Philosophie- und Wissenschaftshistoriker Stirn Lindroth lehnt jedoch das Vorhaben trotz mehrfacher Umarbeitungen Foucaults ab: Es enthalte zuviel spekulative Verallgemeinerungen und entspreche nicht der schwedischen Tradition des

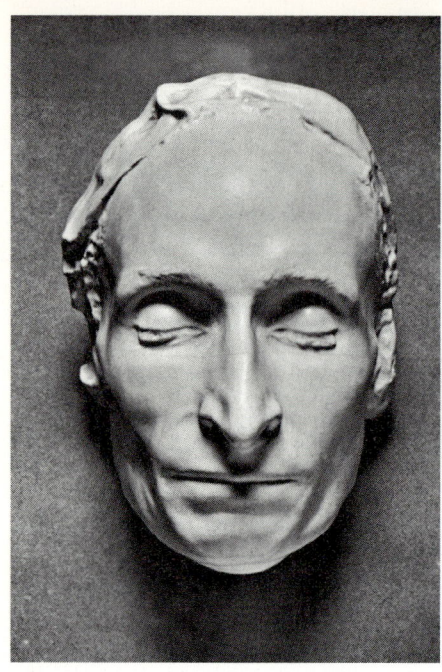

Blaise Pascal.
Totenmaske

Empirismus. Diese Ablehnung – verbunden mit einer Verdoppelung der Unterrichtsverpflichtungen von sechs auf zwölf Stunden
– bewegt Foucault dazu, Schweden den Rücken zu kehren. Jean
Hyppolite liest das Manuskript und rät Foucault, es als «Thèse»
(die der Habilitation in Deutschland entspricht) an der Sorbonne
in Paris über Georges Canguilhem einzureichen.

Am 5. Februar 1960 beendet Foucault das – in den Auflagen ab
1972 nicht mehr abgedruckte – Vorwort zu seinem Werk. Dies geschieht in Hamburg, wo er Direktor des Institut Français ist. An
den Anfang des Vorworts stellt er ein Zitat von Blaise Pascal, wonach die Menschen «so notwendig verrückt sind, daß es durch eine
andere Wendung der Verrücktheit verrückt wäre, nicht verrückt zu
sein». *Die Geschichte dieser anderen Art des Wahnsinns ist zu schreiben, – dieser anderen Art, in der die Menschen miteinander in der
Haltung überlegener Vernunft verkehren, die ihren Nachbarn ein-*

38

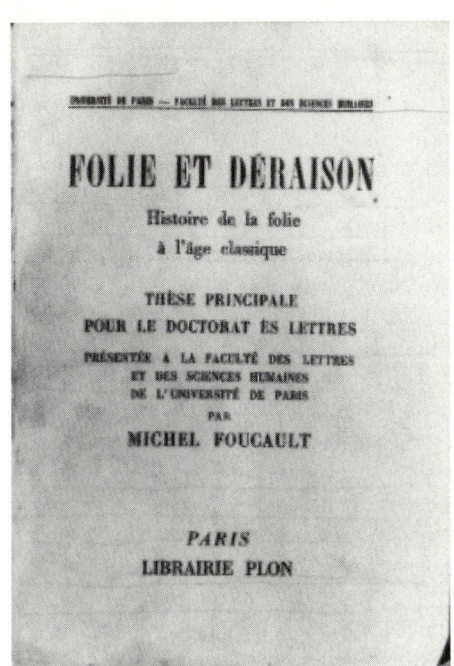

Michel Foucaults
Doktorarbeit
«Wahnsinn und
Unvernunft»,
Titelblatt, Paris 1961

sperrt, und in der sie an der gnadenlosen Sprache des Nicht-Wahnsinns einander erkennen. Wir müssen den Augenblick dieser Verschwörung wiederfinden.[51] Damit gibt Foucault die Sprache nicht nur der Psychiater oder der Psychologen, sondern auch die des distanzierten Beobachters auf. Würde man sich an dieser und ähnlichen Bemerkungen orientieren, so ließe sich eigentlich keine historische Durchdringung des Themas mehr erwarten, sondern nurmehr eine Art Beschwörung der dreihundertjährigen «Schuld» der Moderne an einer gewaltsamen Trennung von Vernunft und Unvernunft. Nietzsche hatte seinen Zarathustra im Kapitel «Von der schenkenden Tugend 2» in «Also sprach Zarathustra» sagen lassen: «Nicht nur die Vernunft von Jahrtausenden – auch ihr Wahnsinn bricht an uns aus. Gefährlich ist es, Erbe zu sein.» Foucault will diese und ähnliche Sentenzen Nietzsches zu der Sonne der großen nietzscheschen Forschung verschmelzen.[52] Die von Nietz-

39

sche bezeichnete Gefahr, Erbe einer Tradition auch des Wahns zu sein, löst er dabei so auf, *daß es in unserer Kultur keine Vernunft ohne Wahnsinn geben kann*[53]. Insgesamt stellt dieses Vorwort einen flammenden Aufruf für die Befreiung der Sprache des Wahns dar, der paradox mit Foucaults umfassender historischer Aufarbeitung der Geschichte kontrastiert. Foucault hat in seinen historischen Rekonstruktionen nicht Nietzsches Stil wissenschaftsfeindlicher Beschwörungen imitiert. Auf dem Kontrast zwischen nietzscheanischer Rhetorik und historischer Originalität beruht jedoch vermutlich ein wesentlicher Teil der von Foucault ausgehenden Wirkung.

Hamburg ist die dritte Station Foucaults im Ausland. Nach Hamburg kommt er aus dem damals noch weitgehend zerstörten Warschau, in dem er 1958 das Centre français an der Universität leitet. Inzwischen ist Frankreich als Folge der Algerienkrise an den Rand eines Bürgerkriegs geraten. Charles de Gaulle wird Ende 1958 mit fast 80 Prozent der Stimmen zum ersten Präsidenten der von ihm gegründeten fünften Republik gewählt. Die Linken betrachten diese Entwicklung zunächst als eine Form des Faschismus. Um sowohl algerischen als auch französisch-ultranationalistischen Terror zu bekämpfen, verhängt de Gaulle später den Ausnahmezustand. In der Nacht zum 18. Oktober 1961 tötet die Pariser Polizei auf Befehl des Polizeichefs Maurice Papon fast 200 Algerier durch Erschießen, Erschlagen und Ertränken. Maurice Papon war ein höherer Beamter der Vichy-Regierung gewesen und mitverantwortlich für die Deportationen von 1600 Juden aus Bordeaux. Die Regierung verhindert die Einsetzung eines parlamentarischen Untersuchungsausschusses und schränkt weitgehend die Berichterstattung in den Medien ein. Proteste Sartres, des mit Foucault befreundeten Pierre Boulez und anderer bleiben wirkungslos. Soweit wir wissen, beteiligt sich Foucault, der zu dieser Zeit in Clermont-Ferrand Psychologie lehrt und in Paris lebt, nicht an diesen Protesten.

Michel Foucault, der sich nach seinem Austritt aus der P.C.F. von 1952 bis 1968 nicht mehr in politische Fragen einmischt, vertritt mit seinem Interesse an de Sade, Genet und der These vom Ausschluß des Wahns aus der Vernunft durchaus das Gegenteil konservativer oder konformistischer Ansichten. Das Gomułka-

Charles de Gaulle und sein Kultusminister André Malraux, um 1960

Regime in Polen nimmt den Leiter des Centre français auch in diesem Sinne wahr und verlangt, beunruhigt durch sein Manuskript über die Einkerkerung der «Wahnsinnigen» und unter Einschaltung eines Spitzels, seine Ausreise. Auch wenn bezeugt ist, daß Foucault während seiner Warschauzeit und später dem Gaullismus nahestand, wird er kaum jene religiöse Rhetorik eines François Mauriac oder Charles de Gaulle selbst gutgeheißen haben, die von «Heil», «Auferstehung» oder «Rettung» sprach. Burin des Roziers, ein enger Mitarbeiter de Gaulles und Botschafter in Warschau, lernte Foucault in der polnischen Hauptstadt kennen und schätzen, er machte ihn zu seinem inoffiziellen Kulturberater und berichtet aus 1986 im Rückblick: «In Warschau war Foucault ohne Zweifel mit der Politik der Emanzipation Algeriens einverstanden. [...] Soweit ich weiß, hat er keinen persönlichen Zugang zu General de Gaulle gehabt. Dieser wäre sicher beeindruckt gewesen vom bohrenden Scharfsinn, der breiten Bildung und den glänzenden Formulierungen dieses jungen Philosophen, der tief von Geschichte durchdrungen war.»[54] Gegenüber dem Botschafter bemerkt Foucault, er sei daran gewöhnt, sich gleichzeitig unterschiedlichen Arbeiten zu widmen, etwa an einem wissenschaftlichen Buch zu schreiben und ein Amt auszufüllen. Foucault bleibt in Verbindung mit dem französischen Außenministerium am Quai d'Orsay. Im August 1963 entspricht man dort seinem Wunsch und bietet ihm den Posten des Direktors am Institut Français in Tokio an. Er lehnt jedoch ab, um in der Nähe des jungen Philosophiestudenten Daniel Defert zu bleiben, der bis zu Foucaults Tod sein Lebensgefährte sein wird. In den Jahren 1965 und 1966 arbeitet Foucault aktiv an der von der gaullistischen Regierung eingesetzten Fouchet-Kommission zur Reform der Sekundarstufe II und des Studiums mit. Seine Reformvorschläge bleiben jedoch rein akademisch und kritisieren nicht die Institutionen, in denen Philosophie gelehrt wird.[55] 1981 wird ihm die neue sozialistische Regierung unter François Mitterrand den Posten eines Kulturberaters in den USA anbieten; er lehnt ab.

Seit 1968 hat sich Foucault vom Gaullismus entfernt und den Weg eines machtkritischen Engagements gewählt. Der französische Philosophieunterricht – ein fünfstündiges Pflichtfach für die Abschlußklasse des Gymnasiums – gilt ihm jetzt als *heidnisches Äquivalent des Luthertums*[56]. Das nunmehr nach links orientierte politische Engagement Foucaults deutet Maurice Pinguet als «Art, seine verliebte Leidenschaft mit Daniel Defert» auszuleben, der Maoist war. «Es war die politisch ausgelebte Homosexualität», die allerdings, so Pinguet weiter, zu Foucaults grundsätzlicher Streitlust paßte.[57]

Die 1961 erschienene *Geschichte des Wahnsinns im klassischen*

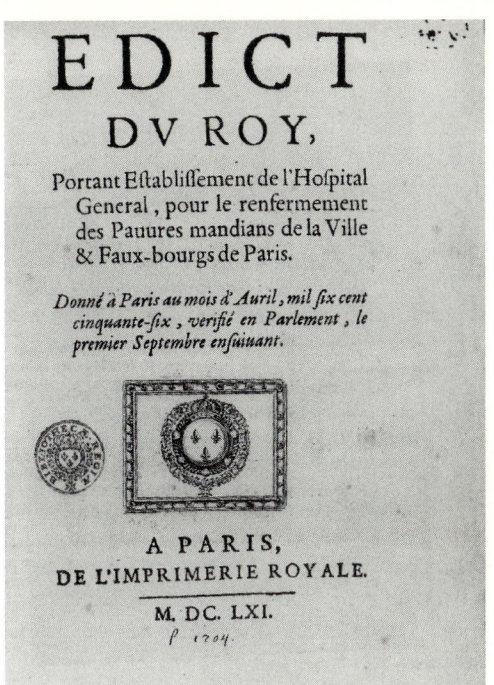

Erlaß
Ludwigs XIV.
über die «Gefan-
gensetzung der
bettelnden Armen
der Stadt Paris und
der Vorstädte»,
Titelblatt, 1661

*Zeitalter* – übersetzt als *Wahnsinn und Gesellschaft* – ist Foucaults
umfangreichstes Buch. Es sollte zunächst *Die andere Art Wahnsinn* in Anlehnung an das erwähnte Pascal-Zitat heißen, wurde
aber unter dem Titel *Wahnsinn und Unvernunft. Geschichte des
Wahnsinns im klassischen Zeitalter* als Thèse an der Sorbonne ein-
gereicht. Das Buch bietet eine fast paradoxe Verbindung zweier
Themen. Einerseits berichtet Foucault, wie seelisch Gestörte in
der Renaissance geduldet, im Absolutismus eingekerkert und seit
der Aufklärung befreit, psychiatrisch behandelt und Gegenstand
wissenschaftlicher Diskurse wurden. Diese Darstellung schließt an
die Wissenschaftsgeschichte von Gaston Bachelard und Georges
Canguilhem an. Bachelard und später Canguilhem hatten sich gegen eine evolutionistische Geschichtsschreibung gewandt, die
Wissenschaft als Zuwachs und Fortschritt von Erkenntnis deutet.

Die Wissenschaftsgeschichte sei statt dessen von Irrtümern und Brüchen bestimmt. Canguilhem hatte zudem als erster angenommen, daß wissenschaftliche Diskurse in Wechselbeziehung zu ihren institutionellen Rahmenbedingungen stehen. All dies fließt in die Konzeption Foucaults ein: Wissenschaft ist kein Evolutionsgeschehen wie die Entwicklung von Pflanzen und Tieren. Wissenschaftliche Diskurse können nicht gelöst werden von den Institutionen, in deren Rahmen sie sich abspielen.

In Foucaults Thèse werden andererseits dunkle Mächte des «Wahns» und der Unvernunft unter Berufung auf Hölderlin, Nerval, Goya, Artaud oder Nietzsche beschworen. Foucault gelingen auf diesem Wege Bezeichnungen von Brüchen, mit denen nicht nur die Tatsache der Einkerkerung, sondern auch ihre Spätwirkung markiert wird, nämlich die in der Französischen Revolution gesuchte Gleichung zwischen politischer Öffentlichkeit und moralischer Tugend: *Diese Erfindung eines Ortes des Zwanges, an dem die Moral auf dem Wege administrativer Erlasse wütet, ist ein wichtiges Phänomen. Erstmals werden moralische Institutionen errichtet, in denen sich eine erstaunliche Synthese aus moralischer Verpflichtung und bürgerlichem Gesetz ergibt. Die Staatsordnung duldet nicht länger die Unordnung in den Herzen. Selbstverständlich nimmt in Europa damit nicht zum ersten Mal die moralische Verfehlung, sogar in ihrer extrem privaten Form, die Form eines Anschlages gegen die geschriebenen und ungeschriebenen Gesetze der Gesellschaft an. Aber bei dieser großen Gefangenschaft in der französischen Klassik ist das wesentliche und neue Element, daß nicht mehr das Gesetz verurteilt: man schließt Stätten der reinen Sittlichkeit ein, wo das Gesetz, das über die Herzen herrschen soll, ohne Kompromiß, ohne Nachgiebigkeit in den strengen Formen physischen Zwanges angewandt wird. Die Moral läßt sich wie der Handel oder die Wirtschaft verwalten. So sieht man unter den Institutionen der absoluten Monarchie – sogar unter denen, die lange Zeit sogar Symbole ihrer Willkür blieben – die große bürgerliche Idee, die sich bald die Republik zu eigen macht, daß die Tugend ebenfalls eine Angelegenheit des Staates sei, daß man Dekrete erlassen könne, um sie herrschen zu lassen, daß man eine Autorität einsetzen könne, um ihr Respekt zu verschaffen. In gewissem Sinne schließen die Mauern der Internierungshäuser das Negativ dieser moralischen Gemeinschaft ein, von der das bürgerliche Bewußtsein im siebzehnten Jahrhundert zu träumen anfängt: eine moralische Gemeinschaft, die denen vorbehalten bleibt, die sich von Anbeginn ihr unterwerfen, wo das Recht nur durch die Kraft unerbittlicher Stärke herrscht – eine Art Souveränität des Guten, in der nur die Drohung triumphiert und wo die Tugend (so groß ist ihr innerer Wert) keine andere Belohnung hat, als der Bestrafung entgangen zu sein. Im Schatten der bürgerlichen Gemeinschaft entsteht diese eigenartige Republik des Guten, das man gewaltsam all denen auferlegt, die man verdächtigt, dem Bösen anzugehören.*[58]

Nicht immer ist der Text so dicht wie an dieser Stelle. Ermüdende, dem akademischen Diskurs verpflichtete Passagen überwiegen und sorgen für jene Aufblähung, die von französischen Doktorarbeiten verlangt wird.

Seine eigene Methode rechtfertigt Foucault nur kurz: *Die Geschichte dieses Prozesses der Verbannung neu zu schreiben bedeutet, die Archäologie einer Entfremdung zu schreiben. [...] Wenn dieses Dekret einen Sinn hat, durch welchen der moderne Mensch in dem Irren seine eigene entfremdete Wahrheit bezeichnet hat, so besteht er in dem Maß, wodurch jenes Feld der Entfremdung konstituiert wurde.*[59]

Das Werk endet mit einer Umkehrung der Rechtfertigungspflicht zwischen Normalität und Wahn: *List und neuer Triumph des Wahns: diese Welt, die ihn abzuschätzen und durch die Psychologie zu rechtfertigen glaubt, sie muß sich vor ihm rechtfertigen. Denn in seiner Anstrengung und seinen Debatten mißt er sich an dem Maßlosen der Werke von Nietzsche, Van Gogh, Artaud. Und nichts in ihm, vor allem nicht das, was jene Welt von dem Wahn erkennen kann, versichert ihr, daß sie durch diese Werke des Wahns gerechtfertigt wird.*[60]

Die Reaktionen auf Foucaults Werk kamen von akademischer, von psychiatrischer, aber auch von philosophischer Seite. Henri Gouhier, Lehrstuhlinhaber für Philosophiegeschichte an der Sorbonne, hat in einem Protokoll vom 25. Mai 1961 die Haupteinwände der Kommission festgehalten. Die Thèse wurde, zusammen mit zwei weiteren geforderten Leistungsnachweisen, angenommen, da über die Gelehrsamkeit des Autors kein Zweifel bestand. Die zwei zusätzlichen Arbeiten bestanden in einer mit Fußnoten versehenen Übersetzung der umfangreichen «Anthropologie in pragmatischer Absicht» von Immanuel Kant sowie in einer Abhandlung *Génèse et Structure de l'Anthropologie de Kant*. Dieser Text wurde bisher nicht publiziert und ruht in den Archiven der Sorbonne-Bibliothek. Foucault sei, so hält das Protokoll von Gouhier fest, «mehr Philosoph als Exeget oder Historiker». Er neige dazu, sich über Tatsachen hinwegzusetzen; hätte man Historiker der Kunst, der Literatur und auch der Institutionen hinzugezogen, so wäre die Kritik wegen seines lässigen Umgangs mit Fakten noch umfangreicher geworden.[61]

Die Kritik der Psychiater sollte vernichtend sein. Foucault wurde mit der Antipsychiatrie in Verbindung gebracht. Auf einer Konferenz am 6. und 7. Dezember 1969 in Toulouse wurde das Buch schließlich als «Psychiatrizid» bezeichnet. Man bemängelte, Foucault bediene sich des vulgären Ausdrucks «Wahnsinn» («folie») statt der wissenschaftlichen Bezeichnung «mentale Verirrung». Außerdem beziehe sich Foucault nicht auf die vorhandenen Geschichten der Psychiatrie. Obwohl nach Toulouse eingeladen, blieb Foucault der Tagung fern. Zur Antipsychiatrie ist Foucault indessen nicht zu rechnen, obwohl er den englischen Antipsychiater David Cooper 1976 zu Vorträgen an das Collège de France einlud und schon 1973 den italienischen Antipsychiater Franco Basaglia mit einem Beitrag zu einem Sammelband unterstützte, an dem u. a. auch Sartre und Chomsky mitarbeiteten.

Auch die Reaktion der Philosophen ließ nicht lange auf sich warten. Jacques Derrida, damals Assistent des Philosophieprofessors Jean Wahl an der Sorbonne, hielt am 4. März 1963 in Gegenwart Foucaults einen Vortrag, in welchem er Foucault eine falsche Descartes-Deutung nachzuweisen suchte. Für Foucault gilt: Descartes versichert sich im Vollzug des eigenen Denkens, daß das «Ich denke» («cogito») nicht wahnsinnig sein kann. Damit, so Foucault weiter, schließt Descartes die zuvor zum Beispiel bei Michel de Montaigne zugelassene Verbindung von Vernunft und Unvernunft aus. Derrida dagegen argumentiert: «Ob ich wahnsinnig bin oder nicht, cogito, sum. In jedem Sinn dieses Wortes ist der Wahnsinnige bloß ein Fall des Denkens (im Denken).» Somit schließt für Derrida das «Ich denke» die Unvernunft nicht aus, sondern ein. Foucault, so Derrida, begehe gegenüber Descartes

Der Philosoph
Jacques Derrida, 1993

dieselbe Gewaltsamkeit wie einst der Absolutismus gegenüber den psychisch Gestörten.[62] Foucaults Reaktion erschien erst neun Jahre nach dem Vortrag Derridas. Laut Foucault betreibt Derrida eine *Reduktion der diskursiven Praktiken auf ihre textlichen Spuren [...] ich denke, daß dies eine kleine Pädagogik ist [...], die den Schüler lehrt, daß es nichts außerhalb des Textes gibt [...], eine Pädagogik, die den Stimmen der Meister diese unbegrenzte Souveränität verleiht, die ihm den Text beliebig zu wiederholen gestattet.*[63] Derrida, so die Replik, verstehe nicht, daß Descartes selber Exponent der sozialen Praktik war, die den Wahn als Unvernunft von der Vernunft trennte. Derrida, der nur Texte wahrnehmen will, werde damit selbst Opfer einer disziplinierenden Praktik. Diese Attacke wird Foucault jedoch 1981 nicht daran hindern, sich nachdrücklich für die Freilassung des in Prag wegen angeblichen Drogenschmuggels festgehaltenen Derrida zu verwenden.

Die skizzierten Reaktionen auf Foucaults Doktorarbeit lassen

René Descartes. Gemälde von Frans Hals. Paris, Louvre

vorhandene Schwächen und Probleme des Buches erkennen, doch
sie verdecken, wie oft in der Rezeption Foucaults, zugleich das wesentliche Anliegen des Autors. Denn die *Geschichte des Wahnsinns* ist vor allem eine Ergänzung der französischen Aufklärung
durch etwas, was in der Vergangenheit an die deutsche Philosophie abgegeben worden war: die Selbstreflexion der Aufklärung.
Gegenüber den von Kant, Hegel, Marx oder Freud vorgelegten
Aufklärungen über Geschichte, Entfremdung oder Wahn versucht Foucault wieder an die französische Tradition anzuknüpfen,
indem er Montaigne, Voltaire und Diderot zusammenführt. Man
hat nachgewiesen, daß Foucault die Entwicklung in Frankreich
unzulässig verallgemeinert; er übersieht, daß sie weder für die Be-

handlung psychisch Kranker in Deutschland und in England noch in den Vereinigten Staaten des 19. Jahrhunderts zutrifft.[64]

Aber es geht Foucault nicht darum, die Einkerkerung von Geisteskranken anzuprangern oder eine antipsychiatrische Psychiatrie zu befürworten, sondern um Argumente für das normative Urteil, daß Vernunft und Unvernunft auf unzertrennliche Weise aneinander gebunden sind. Dabei führt Foucault auch die im 19. Jahrhundert einsetzende französische Shakespeare-Aneignung fort, deren deutliche Spuren bereits in der Binswanger-Einleitung sichtbar sind. Denn besonders Shakespeares Dramen – etwa *der bittere und süße Wahnsinn des «Königs Lear»* oder Lady Macbeths Wahnsinn, für den gilt: *Der Wahnsinn liefert in jenen geisteskranken Worten, die man nicht bezähmen kann, seinen eigenen Sinn aus, und die beginnt, die Wahrheit zu sagen, als sie wahnsinnig wird* [65] – lassen die Untrennbarkeit von Vernunft und Unvernunft offenkundig werden. Dies bezeugt auch Montaigne (den Shakespeare eifrig las) im Verständnis Foucaults: *Der Wahnsinn wird*

William Shakespeare: König Lear. Szenenfoto aus einer Inszenierung des Thalia Theaters Hamburg, 1994. Mit Will Quadflieg in der Titelrolle

*eine der eigentlichen Formen der Vernunft, in die er sich integriert,
indem er entweder eine ihrer geheimen Stärken oder eines ihrer dar-
stellenden Momente oder eine paradoxe Form, in der er sich seiner
selbst bewußt werden kann, bildet. Auf jeden Fall hat der Wahnsinn
nur Sinn und Geltung im Feld der Vernunft selbst.*[66] Kurz vor dem
Ende der Einkerkerung Geisteskranker äußern sich auch Voltaire
und Diderot in diesem Sinn.

Im Artikel «Wahnsinn» seines «Dictionnaire philosophique»
von 1764 hat Voltaire laut Foucault die Alternative zwischen so-
matischer und spiritualistischer Psychiatrie vorweggenommen:
*Er weist bereits darauf hin, […] was im neunzehnten Jahrhundert
außer Frage stehende Evidenz wird: entweder ist der Wahnsinn die
organische Verletzung eines materiellen Prinzips, oder er ist die gei-
stige Störung einer immateriellen Seele.*[67]

In Denis Diderots Dialog «Rameaus Neffe», der einst Goethe
und Hegel faszinierte, unterhält sich ein Philosoph (Diderot) mit
einem antiphilosophischen, antimoralischen Subjekt, das unter
anderem von sich bemerkt: «Ich will gern niederträchtig sein, aber
ich will, daß es ohne Zwang geschieht.» *Vielleicht wird «Le Neveu
de Rameau» uns durch die angestoßenen Gestalten seiner Widersprüche hastig lehren, was es in den Umkehrungen, die die Erfahrung der Unvernunft im klassischen Zeitalter erneuert haben, an
Wesentlichem gab. Wir müssen ihn als ein verkürztes Paradigma der
Geschichte befragen. Da er im Aufblitzen eines Augenblicks die
große gebrochene Linie bezeichnet, die vom Narrenschiff bis zu den
letzten Worten Nietzsches und vielleicht bis zu den Schreien Artauds
verläuft.*[68] Vermutlich liegt in Foucaults Deutung von «Rameaus
Neffe» als Wahn, der seiner selbst bewußt ist, auch eine Spitze gegen Hegels Sicht dieses Individuums als «Zerrissenheit» zwischen
Empörung und sozialer Teilhabe.[69] Galt von Descartes, daß ihm
bewußt wurde, *daß er nicht irre sein konnte*, so gilt bei Diderot:
*Rameaus Neffe weiß sehr wohl, daß er irre ist.*[70] Der Text Diderots
leitet Foucault zu seinem Hauptsatz: *Denn – und das ist vielleicht
einer der grundlegenden Züge unserer Kultur – es ist nicht möglich,
sich endgültig und entschieden in dieser Distanz zur Unvernunft zu
halten.*[71]

Auf dem Fundament der französischen Tradition von Montaigne zu Voltaire und Diderot setzt sich Foucault auch von zwei

Der Auf-
klärungsdenker
Denis Diderot.
Gemälde von
Michel van Loo.
Paris, Louvre

deutschen Theoretikern ab, von Hegel und Freud. Foucault hat in
seinem gesamten Werk um Abgrenzungen von beiden gerungen.
Die Abgrenzung zu Freud vollzieht Foucault stets offen, die zu Hegel dagegen versteckt. Zwar wird Hegels Name in *Wahnsinn und
Gesellschaft* erwähnt, die Abgrenzung zu dessen Konstruktion der
Geschichte der Neuzeit erfolgt aber ohne Namensnennung. Hegel
ging – in § 360 seiner «Rechtsphilosophie» – von einer ideellen Entfremdung zwischen Jenseitsglauben und Weltvertrauen im Mittel-
alter aus, die mit der Herausbildung des neuzeitlichen Staates ihre
«wahrhafte Versöhnung» fand. Die Entfremdung der Vorstellung
löst sich politisch. Dagegen lautet die Diagnose Foucaults: Was sich
ereignete, war eine politische Auflösung der Entfremdung, deren
Preis mit einer ideellen Entfremdung erkauft wird. «Entfremdung» («aliénation») bezeichnet dabei sowohl «Geisteskrankheit»

Georg Wilhelm Friedrich Hegel in seinem Arbeitszimmer.
Lithographie von L. Sebbers, 1828

wie Trennung von Vernunft und Unvernunft. Hegel hat den Einschnitt übersehen, der mit der von absolutistischen Regierungen
verfügten Einkerkerung der «Wahnsinnigen» geschah. Foucault
kann Hegel die politische Versöhnung von Jenseitsglauben und
Weltvertrauen zugestehen und dabei den Preis beschreiben, der für
diese zu zahlen war: die Entfremdung von Vernunft und Unvernunft.

In diesem Zusammenhang ist auch Foucaults Abgrenzung zur Psychoanalyse Freuds zu sehen. Sie fällt ambivalent aus. Auf der einen Seite ist die Psychoanalyse *eine Erfahrung der Unvernunft, die in der modernen Welt von der Psychologie versteckt werden soll*[72]. Auf der anderen Seite ist laut Foucault die Psychoanalyse unfähig, die Unvernunft zu hören. Der Arzt dominiert, und der Wahn unterwirft sich ihm. Freud *hat die psychoanalytische Situation geschaffen, in der durch einen genialen Kurzschluß die Alienation zur Aufhebung der Alienation wird, weil sie im Arzt zum Subjekt wird. Der Arzt als alienierende Gestalt bleibt der Schlüssel der Psychoanalyse. Vielleicht kann die Psychoanalyse und vielleicht wird die Psychoanalyse jene Stimmen der Unvernunft nicht hören können, noch für sie selbst die Zeichen des Irrsinns entziffern können, weil sie jene letzte Struktur nicht aufgehoben und darin alle anderen zusammengeführt hat. Die Psychoanalyse kann einige der Wahnsinnsformen auflösen; sie bleibt der souveränen Arbeit der Unvernunft fremd.*[73] Derrida hat 1991 an Foucaults Umgang mit der Psychoanalyse bemängelt, Foucault habe nicht gesehen, daß auch er nicht in der Tradition des die Unvernunft ausschließenden Zeitalters des Absolutismus, sondern im «Zeitalter der Psychoanalyse» schreibe.[74] Foucault hat jedoch niemals behauptet, daß unser Zeitalter wesentlich ein Zeitalter der Psychoanalyse darstelle. Im Gegenteil, er besaß hinreichend kritische Distanz zu seiner eigenen Zeit und ihren Erscheinungen, um diese nicht mit der Optik irgendeines in ihr auftretenden Erklärungsmodells zu identifizieren. Die Psychoanalyse galt ihm, wie seine zitierte Bemerkung zu Lacan zeigt, nicht als Doktrin, sondern als ein Zweifel an der Autonomie des «Subjekts».

# Das tote, das lebende, das subjektivierte und das zum Selbst werdende Individuum

Im Gegensatz zu Sartre, Blanchot, Bataille, lange Zeit Lévinas und Barthes, Camus und anderen war Foucault kein auf sich selbst gestellter Intellektueller, er hatte in der Universität einen Ort gesucht und gefunden, der es ihm erlaubte, sowohl umfassende Forschungen zu betreiben als auch nach 1968 in das politische Zeitgeschehen einzugreifen. Sein Buch über die Geschichte des Wahnsinns verschaffte ihm den erwünschten Zugang zu den Möglichkeiten eines Hochschullehrers. Von 1960 bis 1966 lehrte er an der Universität von Clermont-Ferrand Psychologie – obwohl als Philosoph angestellt. 1966 bis 1968 war er Gastprofessor für Philosophie in Tunis. Von 1968 bis 1970 leitete er die philosophische Abteilung der Reformuniversität Vincennes. 1970 erhielt er einen Ruf an die renommierteste französische Hochschule, das Collège de France. Im zweiten Wahlgang entschied man sich für ihn und das Profil seines Lehrstuhls als Geschichte der Gedankensysteme und damit gegen die Kandidaturen von Yvon Bélaval (Geschichte des Rationalismus) und von Paul Ricœur (Philosophie der Handlung). Vermutlich lehnte auch Claude Lévi-Strauss die Kandidatur Foucaults ab, da seine Schriften ihn nicht überzeugten.[75] Auch der seinerzeit in Frankreich berühmte Soziologe Raymond Aron übte Kritik, als Foucault 1967 in dessen Seminar vortrug. Seminarteilnehmern zufolge soll Foucault neben Aron wie ein Schuljunge gewirkt haben.

Die Satzungen des Collège de France im Pariser Quartier Latin legen den Hochschullehrern zweierlei Besonderheiten auf. Sie müssen jedes Jahr neue Forschungen beginnen und dokumentieren. Dafür sind sie von allen Prüfungen dispensiert, die an herkömmlichen Universitäten den Forschungsbetrieb behindern. Die Professoren des Collège de France haben somit keine Studierenden, sondern nur Hörer. Foucault hat die zwölf Jahre – 1977 war er freigestellt – seiner Tätigkeit an dieser Forschungsuniversität dazu genutzt, um verschiedene Projekte durchzuführen. Die seit 1997 erscheinenden Vorlesungstexte dokumentieren die Intensität seines Einsatzes für die Forschung. Er sprach jeden Mittwochnachmittag von Anfang Januar bis Ende März vor mehr als fünfhundert Zuhörern in einem nur schwach beleuchteten Hörsaal. Sein Vortrag begann stets mit großem Tempo und enthielt nichts Improvisiertes. Zu Fragen der Zuhörer kam es nicht. Foucault hätte gern auf Fragen des Auditoriums geantwortet und fühlte sich ohne diese wie ein Schauspieler oder Zirkuskünstler vor der Menge. Am Ende seiner zweistündigen Vorlesungen spürte er gar eine totale Vereinsamung, denn Foucault zog das gemeinsame Arbeiten mit Forschern und Kollegen dem bloßen Kathedermonolog vor. Das ist auch einer der Gründe, weshalb er im Juni 1982 erwog, das Collège de France zu verlassen und dem Angebot einer Dozentur in Berkeley zu folgen.

In den Jahren nach dem Abschluß von *Wahnsinn und Gesellschaft* beschäftigt sich Foucault einerseits mit Dichtung und Dichtern, andererseits mit einer Art Fortsetzung seines ersten großen Buches. Im April 1963 erscheint *Die Geburt der Klinik: Eine Archäologie des ärztlichen Blicks*. Dieses Buch wurde weniger in Frankreich und Deutschland als im angloamerikanischen Raum als Foucaults bedeutendster Beitrag zur Wissenschaftsgeschichte geschätzt. Sein allgemeines Thema bildet die Herkunft der modernen Medizin. *Wahnsinn und Gesellschaft* läßt die moderne Psychologie aus den Folgen der Einkerkerung der geistig Gestörten und aus der Erfahrung der Unvernunft entstehen. Die Entstehung der Medizin dagegen verdankt sich nach Foucault – vermittelt über die Anatomie – der Erfahrung der räumlichen Endlichkeit des menschlichen Leibes und damit des Toten und des Todes. Philosophisch besonders interessant ist dabei die Behauptung, daß nicht die Philosophie, sondern die Praxis der Medizin zu einem rationalen Wissen vom Individuellen vordringt.[76] *Die klinische Erfahrung* besagt, daß durch sie *zum ersten Mal in der abendländischen Geschichte das konkrete Individuum der Sprache der Rationalität erschlossen wurde.* Deshalb sei sie das *bedeutende Ereignis im Verhältnis des Menschen zu sich selbst und der Sprache zu den Dingen.*[77] Die vormoderne Medizin, so Foucault, konnte das Individuelle nicht erfassen. *Was die klassifikatorische Medizin als «Einzelgeschichten» bezeichnet, sind die Multiplikationseffekte, die die qualitativen Variationen der Temperamente bei den Wesensqualitäten der Krankheiten hervorrufen. […] Auf diesem Niveau ist das Individuum nur ein negatives Element.*[78] Die verräumlichende, nach Krankheit und Leben den Tod als dritten Begriff einführende Anatomie von Xavier Bichat (1771–1802) zeigt das Individuum als das, was man als räumliche Ausdehnung dem Blick zugänglich machen und zerlegen kann. Damit, so hebt Foucault gegen die antike Philosophie des Aristoteles und gegen die neue von Henri Bergson hervor, habe die Medizin sich gegen die Philosophie mit einem eigenen Zugang zum Individuum konstituiert. *Das Individuum ist nicht die anfängliche und ausgeprägteste Form, in der sich das Leben darbietet. Es wird dem Wissen erst am Ende seines langen Verräumlichungsprozesses zugänglich, dessen entscheidende Instrumente ein bestimmter Gebrauch der Sprache und eine diffizile Verbegrifflichung des Todes gewesen sind. Bergson geht in die verkehrte Richtung, wenn er in der Zeit und gegen den Raum, in einem intimen Erfassen der Innerlichkeit, in einem tollkühnen Ansturm auf die Unsterblichkeit die Bedingungen sucht, unter denen die lebendige Individualität zu denken ist. Bichat hat ein Jahrhundert vorher eine strengere Lektion erteilt. Das alte Aristotelische Gesetz, das den wissenschaftlichen Diskurs über das Individuum verbot, ist aufgehoben worden, als der Tod in der Sprache den Ort seines Begriffs gefunden hatte: damals hat der Raum dem Blick die differenzierte Gestalt des Individuums eröffnet.*[79] Eine Rede von einem *diskursiven Raum des Leichnams*[80] betrifft, so schließt Foucault, jedoch nicht nur die Medizin, sondern ebenso die Erfahrung der Dichter. *Eben dadurch ist die medizinische Erfahrung mit einer lyrischen Erfahrung verwandt, die ihre Sprache von Hölderlin bis Rilke gesucht hat. Diese Erfahrung, die das 18. Jahrhundert ermöglicht hat, und der wir noch nicht entronnen sind, ist an Manifestationen der Endlichkeit gebunden, von denen der Tod die bedrohlichste, aber auch die vollkommenste ist. Hölderlins Empedokles, der aus freien Stücken an den Abgrund des Ätna tritt – das ist der*

Friedrich Hölderlin.
Pastell von Franz Hiemer,
1792. Marbach, Schiller-
Nationalmuseum

*Tod des letzten Mittlers zwischen den Sterblichen und dem Olymp;*
*das ist das Ende des Unendlichen auf der Erde; das ist die Flamme, die*
*zum Feuer ihrer Geburt zurückkehrt und als einzige bleibende Spur*
*das hinterläßt, was durch ihren Tod gerade vernichtet werden sollte:*
*die schöne und geschlossene Form der Individualität; nach Empedo-*
*kles ist die Welt unter das Zeichen der Endlichkeit gestellt, in jenes*
*Zwischen ohne Versöhnung, in dem das Gesetz regiert, das harte Ge-*
*setz der Grenze; es wird zum Schicksal der Individualität, stets in der*
*Objektivität Gestalt anzunehmen, in der sie offenbart und verborgen,*
*verneint und begründet wird: auch hier vertauschen das Subjektive*
*und das Objektive wieder ihre Gestalt. Es mag zunächst befremden,*
*daß die Bewegung, welche der Lyrik des 19. Jahrhunderts zugrunde*
*liegt, eins ist mit jener Bewegung, durch die der Mensch eine positive*
*Erkenntnis seiner selbst gewonnen hat. Aber ist es wirklich ver-*

*wunderlich, daß die Gestalten des Wissens und die der Sprache einem und demselben Grundgesetz gehorchen? Ist es verwunderlich, daß der Einbruch der Endlichkeit den Bezug des Menschen zum Tod überschattet, der hier einen wissenschaftlichen und rationalen Diskurs ermöglicht und dort die Quelle einer Sprache aufschließt, die sich in der von den abwesenden Göttern hinterlassenen Leere sinnlos verströmt?* [81] Foucault hat in seiner *Archäologie des Wissens* seine *Geburt der Klinik* sowie *Wahnsinn und Gesellschaft* als teilweise blinde Versuche* hinsichtlich der Methode bezeichnet.[82] Verfolgt man seine Gedanken im Hinblick auf das Verständnis menschlicher Individualität jedoch weiter, so läßt sich Foucaults gesamtes Bemühen zusammenfassen als Versuch, menschliche Individuation und Individualität dort aufzuspüren und zu befreien, wo sie nach traditonellem Verständnis gar nicht gefunden werden kann oder darf, nämlich außerhalb des humanistischen Denkens. Was sich mit *Die Geburt der Klinik* eher als ein Nebenmotiv seiner Wissenschaftsgeschichte darstellt, wird in der Folgezeit nach seiner Kritik der Humanwissenschaften in *Die Ordnung der Dinge* und *Archäologie des Wissens* zum zentralen Motiv. Ein wichtiges Dokument auf diesem Weg bildet der Ende Mai 1969 gehaltene und 1970 publizierte Vortrag *Die Stellung Cuviers in der Geschichte der Biologie*. Hier legt Foucault dar, daß die Biologie zunächst zwei Schwellen fixiert hat, nämlich eine *epistemologische Schwelle* zwischen Individuum und Gattung sowie eine *ontologische Schwelle* jenseits der Gattungen, die sich zu klassifizierenden Ordnungen hin öffnet.[83] Diese Schwellen lösen sich bei Georges Cuvier (1769–1832), dem französischen Zoologen und Begründer der Paläontologie und vergleichenden Anatomie, auf und ermöglichen so Darwins Evolutionsbiologie: *Die Paläontologie wird bei dem Individuum anfangen, das man gegebenenfalls im subindividuellen Bereich beobachten kann, wenn es sich bloß um ein Organ handelt. Danach wird sie wieder, ausgehend von diesem Organ, die Gattung erreichen, indem sie der Umgebung Rechnung trägt, in welcher es lebt. […] Die ontologische und die epistemologische Schwelle werden auf diese Weise getilgt. Man sieht auch, wie dadurch Darwin möglich geworden ist. […] Cuvier war genötigt gewesen, eine Finalität anzunehmen, die bewirkt, daß in gewisser Weise innerhalb der Schöpfung die Klasse, die Ordnung, die Gattung und die Art so kalkuliert wurden, daß das Indi-*

*viduum zu leben vermag. Man hat in diesem System der Finalität eine Art Prädetermination der wirklichen Lebensbedingungen des Individuums. [...] Was Darwin getan hat, [...] ist die Befreiung der Existenzbedingungen im Hinblick auf die Einheit des Typus. [...] Seit Darwin werden die Bedingungen, nunmehr befreit von der Einheit des Typus, zu Existenzbedingungen, die einem lebenden Individuum von seiner Umwelt gegeben werden.*[84] Im Unterschied zur *Geburt der Klinik* definiert Foucault hier das Individuum nicht mehr über den Tod, sondern über das Leben. Das Individuum ist nicht die anatomisch sezierbare tote Masse, sondern ein Lebewesen. Foucault bleibt bei diesen Fragen nicht etwa wie ein bloßer Wissenschaftshistoriker innerhalb seiner Disziplin. Im Hintergrund steht der Versuch, die alte, von Aristoteles zugrunde gelegte Vorstellung des Individuellen abzulösen. Wie in *Die Geburt der Klinik* ausgeführt, bestand für Aristoteles und die ihm folgende Tradition eine Nicht-Aussagbarkeit des Individuums: Der einzelne Mensch «Sokrates» zum Beispiel wird von keinem ihm noch weiter zugrunde liegenden Seienden ausgesagt. «Sokrates» – und jedes beliebige Individuum – ist ein vorausgesetztes Selbständiges, auf das man nur zeigen kann. Das Individuum vermag nicht als Prädikat aufzutreten. Es ist Grundlage jeder Prädikation und als solches unaussprechbar («ineffabile», wie Goethe schrieb). Wie hat man sich diese Differenz zwischen Zusprechen eines Begriffs und der Nicht-Aussagbarkeit zu denken? Auf diese Frage sucht Foucault nach Antworten, die grundlegend von dem abweichen, was man in diesem Kontext gewöhnt war. Auf der einen Seite nämlich existieren philosophische Antworten seit Descartes, Kant, Hegel, Schopenhauer, die zu Bergson und Sartre verlaufen und alle besagen: Sie verstehen das Individuum als «Ich» oder «Subjekt» und behaupten, dieses sei – so zum Beispiel bei Hegel – etwas, das sich in sich selbst reflektiere. *Was der Philosophie Hegels und Sartres gemeinsam war und ebenso allen Versuchen, die Totalität des Konkreten zu denken, liegt darin, daß sich dieses gesamte Denken im Hinblick auf ein Problem artikulierte: «Wie ist es möglich, daß all das einem Bewußtsein, einem Ego, einer Freiheit, einer Existenz zustößt?» Oder andersherum: «Wie ist es möglich, daß das Ego, das Bewußtsein, das Subjekt oder die Freiheit in der Welt der Geschichte, der Biologie, der Sexualität, der Triebes aufgetaucht sind?»*[85] Auf der anderen Seite –

die bei Foucault allerdings nicht zur Sprache kommt – haben die moderne Logik und die analytische Philosophie die Differenz zwischen Begriff und Individuum auf ihre Weise geklärt: Sie legen einfach zugrunde, daß bei jeder Klassifikation etwas vorausgesetzt wird, das bereits in Teile gegliedert ist. Dadurch wird die begriffliche Arbeit davon befreit, Individuen zu konstituieren. Foucault hat die analytische Philosophie jedoch keineswegs ignoriert. Interessiert an allen Positionen, hat er sich von 1966 an auch ausführlich mit den Linguisten Sapir und Whorf bzw. mit Wittgenstein und anderen analytischen Philosophen beschäftigt. *Die englischen Analytiker gefallen mir durchaus; sie erlauben die Einsicht, wie sich Aussagen auf nichtlinguistische Weise durchführen lassen. Aussagen werden in ihrem Funktionieren behandelt. Aber wie und in bezug worauf dieses Funktionieren geschieht, das bringen sie nicht zum Vorschein.*[86] Foucaults Interesse an der Erfassung des Individuellen richtet sich auf eine dritte Möglichkeit jenseits der Subjektphilosophie und jenseits der logischen Gliederung. Spuren dieser dritten Möglichkeit findet er außerhalb der Philosophie, und zwar zunächst in der Entstehung der modernen Medizin und danach in den Anfängen der Biologie. Foucault faßt Medizin und Biologie dabei als produktive Antworten auf das von der Philosophie nur gestellte, aber nicht gelöste Problem der Individualität auf. In der Diskussion zu seinem Vortrag über Cuvier legt er 1969 dar, daß die Philosophie im 19. und 20. Jahrhundert auf die Errungenschaften der Biologie im Hinblick auf Individualität, Sexualität und Geschichte mit drei Verkehrungen reagiert. Faßt die Biologie den Tod als Vernichtung im Kampf um das Dasein, die Sexualität als grundlegende Relation und die Geschichte als Diskontinuität in diesem Kampf, so bewirken diese neuartigen Annahmen *im Bereich der Philosophie eine gewisse Anzahl von «Reaktionen» im starken Sinne des Wortes, nämlich im nietzscheschen Sinn. […] Ich bezeichne als «humanistische Philosophie» jede Philosophie, die behauptet, der Tod sei der letzte und äußerste Sinn des Lebens. «Humanistische Philosophie»: Jede Philosophie, die denkt, die Sexualität sei für die Liebe und die Erzeugung von Nachkommenschaft gemacht. «Humanistische Philosophie»: Jede Philosophie, die glaubt, daß die Geschichte mit der Kontinuität des Bewußtseins verbunden ist.*[87]

Zu Beginn der siebziger Jahre verbindet Foucault seine wissenschaftsgeschichtlichen Studien mit jenem in *Wahnsinn und Gesellschaft* beobachteten Eingriff politischer Mächte. Hatte einst die Einkerkerung der «Wahnsinnigen» Unvernunft, Psychologie und Psychiatrie entstehen lassen, so wird nun gefragt: Könnten sich die von der Medizin und Biologie erarbeiteten außerphilosophischen Zugänge zum Individuellen nicht generell durch Beeinflussung von außen erklären? Für Foucault steht bald fest, daß diese Beeinflussung der Transformation der Exekutionspraktiken in disziplinierende Haftpraktiken zu sehen ist. In diesem Zusammenhang führt Foucault einen weiteren Terminus ein, nämlich den des *Körpers*. Die Haftpraktiken beziehen sich auf die Individuen als Körper: *Die auf die Körper ausgeübten Zwänge, ihre Kontrolle, ihre Unterwerfung, die Art, wie die Macht unmittelbar oder mittelbar auf sie ausgeübt wird, die Art, wie sie die Körper biegt, fixiert, benutzt, stehen am Beginn des Wechsels [...]. Zunächst eine neue Optik: Verallgemeinertes und beständiges Überwachungsorgan; alles soll beobachtet, gesehen, übermittelt werden: Organisation einer Polizei; Einrichtung eines Archivsystems (mit individuellen Protokollen), Einrichtung eines Panoptismus. Eine neue Mechanik: Isolierung und Neugruppierung der Individuen; Lokalisierung der Körper; optimale Ausnutzung der Kräfte.*[88] In seinem 1982 veröffentlichten, von ihm selbst auf Englisch verfaßten Text *Why Study Power: The Question of The Subject* versucht Foucault, seine Forschung zur Individuation im Rückblick zu ordnen. Im Anschluß an die englische Tradition der Philosophie spricht er an dieser Stelle im allgemeinen Sinn nicht von «Individuum» oder «Körper», sondern von «human being»: *Mein Gegenstand [...] war die Schaffung einer Historie der verschiedenen Arten, wodurch in unserer Kultur menschliche Wesen (human beings) zu Subjekten gemacht wurden.*[89] Foucault unterscheidet dabei *drei Arten von Objektivierungen (objectivation), die menschliche Wesen zu Subjekten transformieren.* Die drei Arten sind erstens wissenschaftliche Verfahren wie die *Analyse von Reichtum und Wirtschaft,* die *Linguistik* oder *Naturgeschichte und Biologie.* Die zweite Art bilden *trennende Praktiken (dividing practices),* die zwischen *den Wahnsinnigen und den Normalen, den Kranken und den Gesunden, den Verbrechern und den «Guten» («good boys»)* unterscheiden. Die dritte Art der Subjektproduktion besteht darin, *wie Menschen gelernt haben, sich selbst als Subjekte von «Sexualität» zu erkennen*[90]. Seit Beginn der achtziger Jahre tritt in Foucaults Äußerungen ein weiterer, zuvor nicht gezielt verwendeter Ausdruck auf, nämlich *das Selbst (le soi)*, und zwar in Verbindungen wie *Sorge (souci de soi), Kultur (culture de soi), Praktik (pratique de soi), Bezug (rapport à soi), Erzählung (récit de soi), Technik (technique de soi), Technologie (technologie de soi).*[91] Es handelt sich dabei um einen vierten Ausdruck, der für dasjenige steht, was zuvor mit *Individuum, Körper, menschliches Wesen* bezeichnet worden war. Foucault wollte in allen Fällen Begriffe vermeiden, die einen ursprünglichen reflexiven Selbstbezug ausdrücken. Dazu gehören die Wörter «Ich» oder «Subjekt». Im Unterschied zu den drei früheren Wörtern enthält das «Selbst» wiederum das «Ich», jedoch aus der dritten Person gesehen. Das Selbst scheint daher gleichbedeutend zu sein mit «das Subjekt», das ebenfalls die erste Person aus der Sicht der dritten Person wahrnimmt.

Foucault war, wie angedeutet, darum bemüht, aus dem Umkreis der Hegelschen Philosophie herauszutreten. Hegel hat auf in Frankreich lebende bzw. auf französische Autoren wie Alexandre Koyré, Alexandre Kojève, André Breton, Henri Lefebvre, Jean Hyppolite, Georges Bataille, Jean-Paul Sartre, Jacques Derrida und andere im 20. Jahrhundert erheblichen Einfluß ausgeübt. Als Schüler von Hyppolite war auch Foucault seit seinen Studienjahren mit Hegel vertraut. In seiner Antrittsvorlesung von 1970 am Collège de France hat er, wie oben vermerkt, einen von Hyppolite aufgedeckten Denkweg beschrieben, der von Hegel fort-, zu ihm zurück- und wieder von ihm fortführt. Was heißt diese Andeutung für Foucaults eigenen Denkweg?

Die August/September-Nummer der von Georges Bataille 1946 gegründeten Zeitschrift *Critique* versammelte 1963, ein Jahr nach Batailles Tod, eine Reihe von Essays über Bataille, darunter auch Foucaults *Vorwort zu Überschreitung*. Foucault versuchte darin, *eine einzigartige Erfahrung*, nämlich *die der Überschreitung*, als die Sprache vorzustellen, die *das dialektische Denken, die Erfahrung des Widerspruchs*, ablösen könnte.[92] Daß es sich hierbei um eine Überschreitung der von Hegel konzipierten Dialektik handeln soll, wird nur indirekt erschließbar. Deutlicher als Foucault war hierin Raymond Queneau, der Herausgeber von Kojèves Hegel-Vor-

Georges Bataille,
der Theoretiker
der Verschwendung,
der Verbote und
der individuellen
Souveränität

lesungen, am Ende seines Essays über Bataille. «Fast zwanzig Jahre
lang hat er [Bataille] sich mit Hegel auseinandergesetzt bzw. mit
den verschiedenen Hegels, die das französische Publikum nach und
nach entdeckte. Abschließend den wahren [Hegel] wahrneh-
mend, hat er sich selbst erkannt – sich selbst als radikalen Nicht-
Hegelianer, jedoch wissend, daß diese Selbsterkenntnis nur nach
Erkenntnis einer Lehre stattfinden konnte, von der er sagt, daß
keine mit ihr vergleichbar sei. Und so fand er sich selbst, vermittelt, aber nicht reduziert.» [93] Diese Bemerkung, so läßt sich vermu-
ten, hat Foucault mit jener Äußerung in seiner Antrittsvorlesung
aufgegriffen und verallgemeinert. Darüber hinaus gilt sie in einem
1970 für ihn selbst noch nicht voraussehbaren Sinn. Wie oben im
Blick auf *Wahnsinn und Gesellschaft* erläutert, fordert, laut
Foucault, Hegels Verständnis der Neuzeit als politische Versöhnung den Preis der Abspaltung des Wahns von der Vernunft. Die

Vernunft, so Foucaults frühere Sicht, befindet sich seither in einem Zustand des Unglücks, ihr fehlt das andere, der Wahn, die Unvernunft. Darin klingt jenes Thema aus Hegels «Phänomenologie des Geistes» an, das bisher die gesamte französische Hegel-Rezeption maßgeblich bestimmt hat: das Thema des «unglücklichen Bewußtseins». In der Theorie Sartres scheitert das Bewußtsein in seinem Bemühen, Synthesen zwischen sich und dem Sein herzustellen, und bewegt sich in eine unbestimmte Zukunft. Dasselbe gilt bei Derrida für das sprachliche Zeichen: Nicht übereinstimmend mit dem Bezeichneten, verschiebt sich die mögliche Übereinstimmung von Zeichen und Bezeichnetem in eine unbestimmte Zukunft.[94] Foucault geht dagegen davon aus, daß die Entfremdung nicht vor, sondern zeitlich hinter dem Bewußtsein liegt. Beschrieb Hegel einst das unglückliche Bewußtsein als mittelalterlichen Zwischenzustand zwischen Antike und Moderne und darin als «gebrochene Gewißheit seiner selbst»[95], so ist das Selbst (*le soi*) bei Foucault das Individuum, das sich nicht mehr in dem Ausmaß beherrschen lassen will wie bisher in der Moderne. *Als erste Definition der Kritik schlage ich also die allgemeine Charakterisierung vor: die Kunst, nicht dermaßen regiert zu werden.*[96] Bei Hegel und bei Foucault liegt die Entfremdung zeitlich hinter dem modernen Bewußtsein. Unglücklich kann für Foucault daher im wesentlichen nur ein vergangenes Bewußtsein genannt werden.

In seiner ausführlichen Besprechung der Bücher «Différence et répétition» und «Logique du sens» von Gilles Deleuze hat Foucault 1970 seine im Bataille-Essay angedeutete Abgrenzung von Hegel im Anschluß an Deleuze fortgesetzt: *Aber ist nicht gerade Hegel der Philosoph der größten Differenzen […]? In Wirklichkeit setzt die Dialektik das Differente nicht frei; sie garantiert vielmehr seine ständige Vereinnahmung. […] Man meint, die Subversion des Anderen ausbrechen zu sehen, aber insgeheim arbeitet der Widerspruch für das Heil des Identischen. Der Ursprung der Dialektik ist immer schulmeisterlich. Immer wieder lebt die Aporie von Sein und Nicht-Sein im Fragespiel der Schule, im fiktiven Dialog des Schülers auf: «Das ist rot. Jenes ist nicht rot. – Ist es in diesem Augenblick Tag? Nein, jetzt ist es Nacht!» In der Dämmerung der Oktobernacht fliegt der Vogel der Minerva nicht sehr hoch: «Schreibt, schreibt!» krächzt er, «morgen früh ist es nicht mehr Nacht!»*[97]

# Der Kampf gegen die humanistische Übereinstimmung von Sprache und Welt

Im Jahr 1963 erscheint Foucaults *Raymond Roussel*. Der Titel verrät nicht, wie sonst bei Foucault, das Thema. Raymond Roussel (1877–1933), Schriftsteller, Erbe eines riesigen Vermögens und unter ungeklärten Umständen durch Freitod in Palermo aus dem Leben geschieden, gilt gewöhnlich als eine Randerscheinung des literarischen Surrealismus in Frankreich. Foucault entdeckt bei ihm eine *Furcht vor dem Signifikanten*[98]. André Breton hatte Roussel bereits «den größten Magnetiseur der Moderne» genannt.[99] Foucault – als Nachgeborener der künstlerischen Avantgardebewegungen – versucht, bei Roussel grundsätzliche Einsichten nachzuweisen. *Es erscheint Roussel so, wie er sich selbst definiert hat: als Erfinder einer Sprache, die nur sich selbst sagt, einer in ihrem verdoppelten Sein absolut einfachen Sprache, einer Sprache der Sprache. [...] Die Furcht vor dem Signifikanten macht aus dem Leiden Roussels gerade die einsame Zurschaustellung dessen, was unserer eigenen Sprache am nächsten ist.*[100] Foucault geht hierbei von Roussels letzter Schrift «Comment j'ai écrit certains de mes livres» von 1932 aus. Eine *winzige morphologische Abweichung* – Roussel gibt das Beispiel der phonetischen Unterscheidung von «billard» («Billard») und «pillard» («Räuber») – *gibt Roussel als wesentlich aus*[101]. Laut Foucault erfindet Roussel das Gegenteil des Stils: *Der Stil ist [...] die Möglichkeit [...], dasselbe, jedoch auf andere Weise zu sagen. Die gesamte Sprache Roussels sucht – als umgedrehter Stil, unterschwellig zwei Sachen mit denselben Worten zu sagen.*[102] Roussels Sprache bewirke, *daß die Dinge nur durch sie selbst möglich sind* und erreiche damit *die Nähe zum Tod, zum Tod, der die Welt verdoppelt.*[103] Die

Raymond Roussel

Beschäftigung mit Roussel führt Foucault zu zwei Einsichten: Die erste ist die von der Unabhängigkeit des (poetischen) Sprachgeschehens von einem Autor-Subjekt; die zweite versteht Sprache nicht als Wiedergabe (Repräsentation) von Welt, sondern als deren Ermöglichung und Strukturierung. Wie in der Untersuchung über die anatomische Erschließung des individuellen Raums wird in der Studie über Roussel der Tod zum Thema. Wo Sprache geschieht, ist die Wirklichkeit tot. Antonin Artaud, auf den sich Foucault häufig bezieht, hatte 1936 in Mexiko bemerkt: «Die Vernunft, eine europäische Fähigkeit, [...] ist stets ein Bild des Todes.»[104]

Im Juni 1966 versucht Foucault, Dichtung, Tod und Raum auf eine andere Weise zusammenzubringen. Er kreist beschreibend um das Werk von Maurice Blanchot, das er als ein Denken versteht, *das sich außerhalb der Subjektivität aufhält* und von dem gilt: *Dieses Denken macht im Bezug zur Innerlichkeit unserer philosophischen Reflexion und im Bezug zur Positivität unseres Wissens das aus, was man mit einem Wort das «Denken des Draußen» nennen könnte.*[105] An Stelle der von Hegel und dem deutschen Idealismus verfochtenen Aneignung des Äußeren durch den Geist gibt dieses *Sprechen Blanchots weder Wahrheit noch Zeit, weder Ewig-*

Antonin Artaud in seinem Stück «Les Cenci».
Szenenfoto aus der Inszenierung Artauds am «Théâtre des Folies-
Wagram», Paris, Mai 1935

*keit noch Mensch, sondern die immer neu bezwungene Form des Draußen; es läßt kommunizieren, oder eher noch offenbart es in der blendenden Helle seiner grenzenlosen Schwankungen Ursprung und Tod – die für einen Augenblick durchgehaltene Berührung in einem unermeßlichen Raum*[106]. Dabei ist Blanchot *vielleicht nur einer der Zeugen für dieses Denken des Draußen.* Zuvor nämlich entdeckte de Sade als Zeitgenosse der Idealisten *nur die Nacktheit des Begehrens*, Hölderlin *die schillernde Abwesenheit der Götter*, Nietzsche die Bindung der Metaphysik *an diejenigen, die sprechen*, Mallarmé *die Bewegung, in der der Sprechende verschwindet*, Artaud, wie *jedes diskursive Sprechen dazu aufgerufen wird, sich in die Gewalt des Körpers und des Schreis aufzulösen*, Bataille das *Denken im Grenzbereich*, und Pierre Klossowski macht die Erfahrung *der theatralischen und wahnsinnigen Multiplikation des Ich.*[107] In diesen Kontext gehört auch Foucaults Bemerkung in einem Rundgespräch von 1963 mit Phillippe Sollers und anderen über die Metapher: *Metaphernbildung bedeutete, sich die Welt anzueignen, gleichsam als bestehe die Metapher zwischen dem schreibenden Subjekt und der Welt – während die Metapher eine innere Struktur der Sprache darstellt.*[108] Foucault bringt in seinen Bemerkungen zur Literatur aus den sechziger Jahren wiederholt de Sade und Hölderlin zusammen: *Ich habe den Eindruck, daß es in diesem Verhältnis von Sprache zu ihren unendlichen Wiederholungen seit dem Ende des 18. Jahrhunderts zu einem Wandel gekommen ist – der ungefähr mit dem Augenblick zusammenfällt, in dem das sprachliche Werk das geworden ist, was es jetzt für uns ist, nämlich Literatur. Das ist der Augenblick (oder er steht noch bevor), als Hölderlin sich bis zum Geblendetsein gewahr wurde, er könne nur noch in einem Raum sprechen, von dem sich die Götter abgewandt hatten, und daß es das Sprechen nur noch sich selbst verdanke, wenn es den Tod umginge. Damals tat sich am Fuße des Himmels eine Öffnung auf, auf die sich unser Sprechen immer mehr zubewegt. […] es wird wohl noch lange dauern, bis man weiß, was Sades Sprache, so wie wir sie vor uns haben, eigentlich ist. […] Der eigentliche Gegenstand des «Sadismus» ist nicht der andere, nicht sein Körper, nicht seine Selbstherrlichkeit: sondern all das, was gesagt hat werden können.*[109]

Neben de Sade analysiert Foucault auch Gustave Flaubert und die Malerei Manets: *Flaubert hat mit der «Versuchung» zweifellos*

Die Bar in den Folies-Bergère, 1881/82. Gemälde von Édouard Manet.
London, The Courtauld Gallery

*das erste literarische Werk geschrieben, das seinen Ort einzig und
allein im Umkreis der Bücher hat: nach ihm wird Mallarmés
«Buch» möglich, Joyce, Roussel, Kafka, Pound, Borges. Die Bi-
bliothek steht in Flammen. «Déjeuner sur l'herbe» und «Olympia»
sind wohl die ersten «Museums»-Bilder gewesen: zum ersten Mal
in der europäischen Kunst sind Bilder gemalt worden – nicht eigentlich als Replik auf Giorgione, auf Raffael und Velázquez, sondern um im Schutz dieser einzelnen sichtbaren Beziehung, unter der
identifizierbaren Verweisung eine neue substantielle Beziehung der
Malerei auf sich selbst zu bezeugen, um die Existenz der Museen
und die in Museen erworbene Art des Vorhandenseins und der Verwandtschaft von Bildern darzutun. [...] Flaubert ist für die Biblio-
thek, was Manet für das Museum ist.*[110] Im Herbst 1970 beschäftigt
sich Foucault wieder mit bildender Kunst und schreibt einen
langen Text über Manet sowie eine Studie über die Marilyn-Mon-
roe-Porträts von Andy Warhol. Im November 1970 spricht er in
Florenz über das ihn faszinierende Manet-Bild «Le Bar des

69

Las Meninas. Gemälde von Diego Velázquez. Madrid, Prado

Folies-Bergère», das er als Umkehrung jenes Velázquez-Gemäldes «Las Meninas» versteht, dessen Deutung den Anfang von *Die Ordnung der Dinge* bildet. Keiner dieser Texte wurde bisher publiziert. 1966 spricht Foucault in einem Gespräch mit Claude Bonnefoy über eine beginnende nicht-dialektische Kultur, die sich bei Nietzsche, bei Heidegger, bei Bertrand Russell, Wittgenstein oder Lévi-Strauss ankündige. Und er fügt hinzu, daß *die aktuelle Literatur an demselben nicht-dialektischen Denken teilhat, das die Phi-*

*losophie charakterisiert*[111]. Auf die Frage, welches zeitgenössische Gemälde denn die nicht-dialektische Kultur von heute illustriere, antwortet Foucault, der bestimmende Maler unseres nicht-dialektischen Vorstellens sei Paul Klee: *Es scheint mir, daß die Malerei von Paul Klee, auf unser Zeitalter bezogen, am besten darstellt, was Velázquez im Hinblick auf das seine vermochte. In dem Maße wie Klee in der Sichtbarkeit alle Gesten, Akte, Schreibweisen, Spuren, Lineamente, Oberflächen zur Erscheinung bringt, die die Malerei begründen können, macht er aus dem Malakt das entfaltete und glänzende Wissen von der Malerei selbst. [...] «Las Meninas» stellten alle Elemente der Repräsentation dar, den Maler, die Modelle, den Pinsel, die Leinwand, das Bildnis im Spiegel, es [«Las Meninas»] zerlegte die Malerei selbst in die Elemente, welche daraus eine Repräsentation herstellten. Die Malerei von Klee komponiert ihrerseits die Malerei und zerlegt sie in ihre Elemente, die, um einfach zu sein, zugleich getragen, verfolgt und bewohnt werden von dem Wissen der Malerei.*[112] In seiner kleinen Abhandlung zu Magrittes Bild «Ceci n'est pas une pipe» kommt Foucault gleichfalls wieder in diesem Sinn auf Klee zu sprechen.[113]

Michel Foucaults intensives Interesse an Kunst und Poesie dokumentiert sich später in einer systematischen Beschäftigung mit den Werken des Kunsthistorikers Erwin Panofsky (1967), in einer Zusammenarbeit mit Jean Genet (ab 1971), in Begegnungen mit den Regisseuren Werner Schroeter und Rainer Werner Fassbinder (1974) und in der Lektüre Thomas Manns.

Am 5. Januar 1965 beobachtet Foucault, zu dieser Zeit Philosophieprofessor in Tunis, nach dem Start seines Flugzeugs von der Insel Djerba *das Verschwinden des Bodens am Saum des Meeres* und notiert auf einer Postkarte die Bemerkung: *Man kann wohl wetten, daß der Mensch verschwinden würde wie am Saum des Meeres ein Gesicht aus Sand.*[114] Foucault spricht, anders als Malraux oder Kojève, nicht nur vom Tod, sondern von *dem Verschwinden* des Menschen. Er vergleicht den Menschen, verstanden als vom Humanismus des späten 19. Jahrhunderts konstruierter *Gegenstand eines möglichen Wissens*[115], in seinem Verschwinden mit einem aus Sand geformten Gesicht, das vom Wasser des Meeres überspült und forgeschwemmt wird.[116] Für André Malraux bedeutet der «Tod des Menschen» die tragische

71

Negation der Menschheit im Absurden. Für Kojève stirbt der durch Tätigkeit bestimmte Mensch, wenn mit dem Erreichen von allgemeiner Gleichheit ein Ende der Geschichte erzielt wird.[117] Foucault deutet mit seiner These vom *Verschwinden des Menschen* somit ein geläufiges Bild um: Ein Enden des Menschen bedeutet für ihn nicht mehr ein Ende unserer Zukunft (wie bei Malraux oder Kojève), sondern umgekehrt den Abschied von einem vergangenen Bild vom Menschen, das uns an der Gestaltung unserer eigenen Zukunft hindert. Daß Foucault im übrigen von André Malraux, dem Schriftsteller und Kultusminister de Gaulles, tief beeindruckt war, belegt sein Telefoninterview mit «Le Nouvel Observateur». Malraux sei *mehr als ein Schriftsteller* gewesen, und wir seien vermutlich *allzu sehr dem Kommentar verpflichtet, um zu verstehen, was Lebensvollzüge sind.*[118]

Im April 1965 erscheint bei Gallimard Foucaults *Les mots et les choses. Une archéologie des sciences humaines (Die Wörter und die Dinge. Eine Archäologie der Humanwissenschaften).* Das Buch begründet Foucaults internationale Bekanntheit. Der deutsche und der englische Titel (*Die Ordnung der Dinge* bzw. *The Order of Things*) entsprechen Foucaults ursprünglicher Absicht. Das Buch sollte *L'Ordre des choses* heißen, und vielleicht klingt darin Nietzsches Formulierung von «der sichtbaren Ordnung der Dinge» nach.[119] Der von Foucault beabsichtigte Titel war jedoch bereits durch ein Buch von Jacques Brosse vergeben, zu dem Bachelard ein Vorwort beigetragen hatte.[120]

In seinem Vorwort markiert Foucault einen Unterschied zur Geschichte des Wahnsinns: *Die Geschichte des Wahnsinns wäre die Geschichte des Anderen, dessen, das für eine Zivilisation gleichzeitig innerhalb und außerhalb steht, also auszuschließen ist (um die innere Gefahr zu bannen), aber indem man es einschließt (um seine Andersartigkeit zu reduzieren). Die Geschichte der Ordnung der Dinge wäre die Geschichte des Gleichen, das für eine Zivilisation gleichzeitig dispers und verwandt ist, also durch Markierungen zu unterscheiden und durch Identitäten aufzufassen ist.*[121] Das *Gleiche* bedeutet hierbei die *episteme der abendländischen Kultur* bzw. die jeweiligen Anordnungen dessen, was und wie etwas in ihr gewußt wird.[122] Foucault bezeichnet nun drei Wissensinhalte von der Renaissance bis zur Gegenwart: die Ähn-

Oswald Spengler, 1935

lichkeit der Dinge untereinander für die Renaissance, die Repräsentation der Welt in der Barockzeit und schließlich den Menschen, der lediglich *eine junge Erfindung ist [...], eine einfache
Falte in unserem Wissen, die verschwinden wird, sobald unser Wissen eine neue Form gefunden haben wird*[123]. Die Wirkung dieses
Buches beruht vermutlich vor allem darauf, daß Foucault, wie
einst Oswald Spengler[124], aus der Rekonstruktion vergangener
Geschichte künftige Entwicklung prognostiziert: Der Mensch
wird verschwinden. Foucault unterscheidet sich von Spengler allerdings dadurch, daß er Zukunft nicht als gesetzmäßige Wiederholung von Vergangenem voraussagt. Daher kann er Spengler
einem modernen Denken der Wiederholung zurechnen: *So hat
sich von Hegel bis zu Marx und bis zu Spengler das Thema eines
Denkens entfaltet, das [...] sich in allen fremden Gestalten seiner
Odyssee wiederfindet und bereit ist, in demselben Ozean zu ver-*

73

*schwinden, aus dem es einst hervorgegangen ist.*[125] Das Buch sagt indessen nicht das Ende der Gattung Mensch voraus. *Wir sind [...] so durch die frische Evidenz des Menschen verblendet, daß wir nicht einmal die Zeit [...], in der [...] die menschlichen Wesen, aber nicht der Mensch existierten, in unserer Erinnerung bewahrt haben.*[126] Es geht um das Ende der Vorstellung «Mensch», nicht um das Ende menschlicher Wesen.

Trotz seiner genauen Untersuchung der Wissenschaftsgeschichte ist der Text häufig polemisch und provokativ. Er provoziert die Franzosen dadurch, daß unter der Wissenschaft des 17. Jahrhunderts nicht nur und nicht primär der Cartesianismus verstanden wird. Zwar schmeichelt dem französischen Epochenverständnis die Gleichsetzung von Barockzeit mit «Klassik», aber Foucault stellt die Analyse zweier spanischer Kunstwerke – von Velázquez bzw. Cervantes – an den Anfang, die beide vom französischen Klassizismus ignoriert wurden. Weiterhin provoziert Foucault die herkömmliche Kulturgeschichtsschreibung, die Philosophiehistoriker, alle Anhänger von Marx und die Phänomenologen. Er stellt den Anspruch, jene verborgenen Züge der Geschichte der Wissenschaften einschließlich der Philosophie zu rekonstruieren, die zugleich die Möglichkeiten von Erkennen und Wissen bilden. Dem Einwand, jedes derartige Unternehmen hänge von heutigen Denkweisen ab, setzt Foucault entgegen: Das Wissen der Barockzeit *ist in genügendem Maße zwingend gewesen, so daß die sichtbaren Formen der Erkenntnisse darin von selbst ihre Verwandtschaft skizzieren*[127]. Damit beansprucht Foucault, die Geschichte genauso darzustellen, wie sie sich selbst verstanden hat und wie sie tatsächlich gewesen ist. Die Wahrheit der neuzeitlichen Rationalität besteht nach Foucault in ihrem Selbstverständnis, und das historische Sein ist Bewußtsein der Wissenschaften von ihrem eigenen Tun. Damit ist Foucaults Buch nicht nur Adornos und Horkheimers «Dialektik der Aufklärung» nahe, sondern auch Hegels «Phänomenologie des Geistes». Hegel nämlich stellte einst die Entwicklung des Bewußtseins bis zur Rationalität seiner Zeit unter zwei Prämissen dar: Erstens gilt, das «Bewußtsein gibt seinen Maßstab an ihm selbst»; zweitens geschieht hinter dem Rücken des Bewußtseins eine notwendig erfolgende Entstehung neuer Gegenstände.[128] Foucault will Hegel, will *das dialektische Denken* überwinden. Hegel wird mehrfach erwähnt und dient an einer Stelle sogar als Schlüssel für das moderne Selbstverständnis des Menschen: *Das Ungedachte (welchen Namen man ihm auch immer geben mag) [...] ist in Beziehung zum Menschen [...] in einer zufluchtlosen Dualität. [...] Es ist das An sich gegenüber dem Für sich in der Hegelschen Phänomenologie gewesen, es ist das Unbewußte für Schopenhauer gewesen. Für Marx war es der entfremdete Mensch, in den Analysen von Husserl das Implizite. [...] Das ganze moderne Denken ist von dem Gesetz durchdrungen, das Ungedachte zu denken, in der Form des Für sich die Inhalte des An sich zu reflektieren.*[129] Foucault übernimmt von Hegel nicht dessen zweite Prämisse, wonach sich hinter dem Rücken des Bewußtseins mit Notwendigkeit neue Gegenstände konstituieren. Bereits 1963 hatte er jeglicher Dialektik den Rücken gekehrt, war doch *die Sprache der Philosophie, soweit die Erinnerung zurückreicht, an die Dialektik gebunden*[130]. Diskontinuität der Historie soll jetzt die Dialektik ablösen, die eine verborgene Kontinuität, Gesamtsinn und Höherentwicklung in die Geschichte hineingelesen hatte. Foucaults Denken wird daher auch mit der Theoriendynamik des 1996 verstorbenen amerikanischen Wissenschaftshistorikers Thomas S. Kuhn vergleichbar. Kuhn nämlich behauptete in seinem vier Jahre vor Foucaults Buch erschienenem Werk «Die Struktur wissenschaftlicher Revolutionen», daß Wissenschaften verschiedener Epochen radikal voneinander verschieden seien. Ferner, so Kuhn, wandeln sich Wissenschaften nicht durch objektive Verbesserungen, sondern – wie Religionen – durch soziale und psychologische Faktoren. Es gebe keine Rationalitätskriterien jenseits der jeweils geltenden Annahmen von Wissenschaft, die Kuhn zunächst als «Paradigma» und später passender als «disziplinäre Matrix» bezeichnete.[131] Foucault stimmt mit beiden Behauptungen Kuhns überein: Was er *episteme* nennt, entspricht dem «Paradigma», bzw. der «disziplinären Matrix» bei Kuhn. Es existieren ausschließlich völlig verschiedene Wissensformen, die sich mit dem sozialen Wandel ändern. Indessen bestehen auch Unterschiede zwischen Foucault und Kuhn. Kuhn hält trotz aller Relativierungen an einem Ideal objektiver Wissensbestände fest, während Foucault diese Leitvorstellung verabschiedet. Er verwendet dazu die paradoxe Fügung des *historischen Apriori*[132]. Darunter sind invariante Bedingungen («Apriori») zu verstehen, die zugleich geschichtlichem Wandel («historisch») unterworfen sein sollen. Foucault unterscheidet sich auch in einer weiteren Hinsicht von Kuhn: Kuhn untersucht die «Dynamik» wissenschaftlicher Theorien und zeigt auf, daß ein Paradigma nicht ohne Widerstand und Kampf durch ein anderes ersetzt wird. Dieser Aspekt der Auseinandersetzung, der Dynamik, der Kämpfe fehlt in dieser Periode bei Foucault noch völlig.[133]

Michel Foucault hat selbst auf Kuhn hingewiesen. In seiner Erwiderung auf die Kritik von George Steiner, der ihm vorhielt, er hätte Kuhn zitieren müssen, bemerkt Foucault 1971: Er habe Kuhns Buch über die Struktur wissenschaftlicher Revolutionen erst nach Beendigung von *Die Ordnung der Dinge* gelesen. Entsprechend habe er nicht Kuhn, sondern denjenigen zitiert, *der sein [Kuhns] Denken geformt und inspiriert habe: Georges Canguilhem*[134].

In der öffentlichen Diskussion um *Die Ordnung der Dinge* hat Sartre bemerkt, Foucault sage nicht, wie man von einer Denkweise zur anderen gelange. Er ersetze «das Kino durch eine Laterna magica, die Bewegung durch eine Abfolge von unbewegten Bildern». Foucault weigere sich, so Sartre, «Praxis» zu denken.[135] In dem Film «La chinoise» von Jean-Luc Godard (1967) gehört *Die Ordnung der Dinge* zum Feindbild der Maoisten: Das Buch negiere mit der Geschichte zugleich die Möglichkeit der Revolution. Seit Beginn der siebziger Jahre ist Foucault jedoch nicht nur den Weg der «Praxis» gegangen, indem er sich u.a. gegen die französische Gefängnispolitik engagierte, er hat mit seinen Untersuchungen zu Phänomenen der Macht auch das in seiner «Archäologie» fehlende Moment der Kämpfe beachtet.

*Die Ordnung der Dinge* läuft auf zwei bis heute nicht hinreichend rezipierte Thesen hinaus: zum einen auf die Behauptung, daß das Auftauchen des Menschen noch grundlegender sei als das – von Comte, Nietzsche, Heidegger, Derrida oder der analytischen Philosophie beschworene – Ende der Metaphysik: *Aber das Ende der Metaphysik ist nur die negative Seite eines viel komplexeren Ereignisses, das sich im abendländischen Denken vollzogen hat. Dieses Ereignis ist das Auftauchen des Menschen.*[136] Zum anderen versteht er die Dichtung von Hölderlin über Mallarmé bis zu Artaud als *Gegendiskurs* und als Voraussage: *Künftig wird die Sprache ohne Anfang, ohne Endpunkt und ohne Verheißung wachsen. Die Bahn dieses nichtigen und fundamentalen Raums zeichnet von Tag zu Tag den Text der Literatur.*[137] Foucault verknüpft nun beide Behauptungen, das heißt, es geht ihm um die Aufklärung über eine scheinbar unhistorische Größe – den «Menschen» – und gleichzeitig um die Bezeichnung einer Gegenwelt – der Sprache und der Poesie. Die ermüdenden, aus unmittelbarem Quellenstudium gewonnenen Darstellungen der Wissenschaftsgeschichte dienen am Ende nur der Freilegung des «Menschen» als bald verschwindender Konstruktion und der Vergewisserung über die *Wiederkehr der Sprache*[138], durch welche *das Sein der Sprache erneut an den Grenzen der abendländischen Kultur und in ihren Herzen*[139] glänzt. Foucault spricht hier von Artaud, von Roussel und vom Surrealismus, der allerdings *in einer noch sehr verkleideten Form* die Befreiung der Sprache neben ihren reinen Ausprägungen bei Kafka, Bataille, Blanchot zeige.[140]

Unter dem dem Verschwinden ausgesetzten «Menschen» versteckt Foucault den *Ort einer empirisch-transzendentalen Reduplizierung*. Als solche ist der «Mensch» eine *paradoxe Gestalt [...], in der die empirischen Inhalte der Erkenntnis die Bedingungen, aber von sich aus, liefern, die sie möglich gemacht haben*[141]. Empirische Erkenntnis ist durch nicht-empirische (transzendentale) Erkenntnis begründet, und transzendentale Erkenntnis begründet sich umgekehrt aus empirischer Erkenntnis. Beide Erkenntnisweisen fügen sich zu einer zirkulären Begründung zusammen. Foucault berührt hier ein bereits von Kant gesehenes, aber nicht gelöstes Problem.

In einem 1978 geführten Gespräch mit Ducio Trombadori bezeichnet Foucault *Die Ordnung der Dinge* als *eine Art formelles Exerzitium* und als *Randerscheinung im Hinblick auf die Leidenschaft, die den anderen Büchern zugrunde liegt.*[142] Zum Ende des Menschen bemerkt er in diesem Gespräch: *Die Menschen engagieren sich fortwährend in einem Prozeß, der, indem er Gegenstände konstituiert, den Menschen zugleich an einen anderen Ort versetzt, ihn verformt, transformiert und als Subjekt verändert. Als ich vom Tod des Menschen sprach, war es das, was ich – auf verworrene und simplifizierende Weise – sagen wollte.*[143] Diese Bemerkung erinnert

Jean-Paul
Sartre

durchaus an Sartres Ansicht, wonach der Mensch kein vorgegebenes «Wesen» habe und eine Freiheit darstelle, die sich immer von den Gegenständen des Bewußtseins löst. *Die Ordnung der Dinge* richtet sich gegen Sartre, das Manuskript enthielt viele im Druck fortgelassene kritische Einwände und Polemiken gegen ihn. Foucault erklärte 1968 gegenüber Claude Bonnefoy, er sehe in Sartre den einzigen relevanten Vertreter von Dialektik und Humanismus. Man müsse *die leichten Humanismus-Formen, die Teilhard und Camus darstellen*, ausklammern und sich auf Sartre konzentrieren.[144] Sartres zweites Hauptwerk – die unvollendete «Kritik der dialektischen Vernunft» – sei *die großartige und pathetische Anstrengung eines Menschen des 19. Jahrhunderts, um das 20. zu denken. In diesem Sinn ist Sartre der letzte Hegelianer und gar der letzte*

*Marxist.*[145] Im Rückblick bemerkt Foucault 1978: *In einer Philosophie wie der von Sartre gibt das Subjekt der Welt Sinn. Dieser Punkt wurde nicht in Frage gestellt. [...] Könnte es aber nicht Erfahrungen geben, in denen das Subjekt sich von sich lösen und den Bezug zu sich selbst zerstören, seine Identität verlieren könnte? Ist das nicht die Erfahrung Nietzsches mit der ewigen Wiederkehr gewesen?*[146]

Trotz bestehender Unterschiede und Abgrenzungen hat sich Foucault in verschiedener Hinsicht Sartre auch genähert. Spricht er in *Die Ordnung der Dinge* (1965) noch von der *tiefen Einfältigkeit* derer, die behaupten, daß es *keine Philosophie ohne politische Entscheidung gibt*[147], und meint damit vor allem Sartre, bemerkt er dagegen 1977 gegenüber Bernard-Henry Lévy: *Die Frage nach der Philosophie ist die Frage nach dieser Gegenwart, die wir selbst sind. Daher ist die Philosophie heute durch und durch politisch und durch und durch historisch. Sie ist die der Geschichte immanente Politik, sie ist die für Politik unentbehrliche Geschichte.*[148] Wenn man von den frühen siebziger Jahren an Foucault zusammen mit Sartre in den Straßen von Paris demonstrieren sah, dann ist dies kein Zeichen bloß äußerlicher Annäherung im Hinblick auf das, was man gemeinsam ablehnt (zum Beispiel Gefängnisse). Ein Unterschied zwischen Sartre und Foucault könnte darin gesehen werden, daß Sartre sich mit seiner «Kritik der dialektischen Vernunft» primär an Marx' revolutionärer Aufhebung der Entfremdung der Menschen orientiert, Foucault dagegen an Nietzsche. Nun schließen – wie das Werk des mit Foucault befreundeten Gilles Deleuze zeigt – Marxismus und Nietzscheanismus einander nicht notwendig aus. Überdies ist Foucault an einer Textinterpretation Nietzsches nicht interessiert: *Die einzige Anerkennung, die man einem Denken wie dem Nietzsches bezeugen kann, besteht darin, daß man es benutzt, verzerrt, mißhandelt und zum Schreien bringt. Ob einem die Kommentatoren Treue bestätigen oder nicht, ist völlig uninteressant.*[149] In demselben Interview hält Foucault aber auch Marx hoch und bekräftigt einen Links-Nietzscheanismus: *Man kann heute nicht Historiker sein, ohne eine Reihe von Begriffen zu verwenden, die direkt oder indirekt mit dem Denken von Marx verknüpft sind, und ohne sich in einem Horizont zu bewegen, der von Marx beschrieben oder definiert worden ist.*[150] Einen weiteren Unterschied zu Sartre formuliert Foucault in einem seiner letzten Interviews 1984 im Hinblick auf Kreativität und Selbstbeziehung. Von Hubert Dreyfus und Paul Rabinow gefragt, worin sich Foucault überhaupt noch «vom Existentialismus eines Sartre» unterscheide, antwortet Foucault: *Anstatt die kreative Aktivität von jemandem auf die Art der Beziehung zurückzuführen, die er zu sich selbst unterhält, sollte man vielleicht die Art der Beziehung, die er zu sich selbst hat, als kreative Aktivität auffassen, die den Kern seiner ethischen Aktivität ausmacht.*[151] Sartre führt demnach Kreativität auf Selbstbeziehung zurück, während Foucault Selbstbeziehung als Kreativität fassen will. Der Unterschied zwischen beiden Denkern ist hierbei nur noch schwer zu erkennen. Trotzdem gilt, daß beide von verschiedenen Prämissen ausgehen: Sartre von einer Handlungsfreiheit des Individuums, die es universell verantwortlich werden läßt. Foucault dagegen untersucht mit seinen Büchern *Überwachen und Strafen* und *Der Wille zum Wissen* Bedingungen, die Individuen determiniert haben, sich selbst in bestimmter Weise zu verstehen. Der Grund, weshalb Foucaults Denken dem Sartres immer wieder ähnelte und doch von ihm verschieden blieb, ist am Ende darin zu sehen, daß Sartre ein systematisch orientierter Denker war, Foucault dagegen nicht. Foucault konnte in seinem Werk daher sehr unterschiedliche Positionen vertreten. Er lebte zudem in verschiedenen Kulturen der Erde, nicht nur in Frankreich, sondern auch in Schweden, Polen, Tunesien, Südamerika, USA und Japan. *Ich bin ein Experimentator und kein Theoretiker. Theoretiker nenne ich denjenigen, der ein allgemeines System, sei es der Deduktion, sei es der Analyse, konstruiert und es gleichförmig auf verschiedene Bereiche anwendet. Das ist nicht mein Fall. Ich bin ein Experimentator in dem Sinn, daß ich schreibe, um mich zu verändern und nicht dasselbe wie zuvor zu denken. [...] Ich betrachte mich nicht als einen Philosophen.*[152]

Drei Jahre nach *Die Ordnung der Dinge* erscheint *Archäologie des Wissens*, ein Buch, das in einer Fußnote von *Die Ordnung der Dinge* als Abhandlung über die *methodologischen Probleme* angekündigt worden war.[153] Das Werk stellt – neben Descartes' «Discours de la méthode» und Sartres «Questions de méthode» – einen der umfangreichsten und bedeutsamsten Beiträge der französischen Philosophie zu Methodenfragen dar. Als Motto könnte

Nietzsches Bemerkung in «Der Antichrist Nr. 13» dienen: «Die werthvollsten Einsichten werden am spätesten gefunden; aber die werthvollsten Einsichten sind die M e t h o d e n .» Foucault übt hier Selbstkritik: Seine bisherigen Arbeiten *sind zu einem Teil blinde Versuche gewesen*[154]. So habe *Wahnsinn und Gesellschaft* mit der Erfahrung des Wahns noch ein *allgemeines Subjekt der Geschichte* zugestanden. Und in *Die Ordnung der Dinge* habe *das Fehlen einer methodologischen Abgrenzung* fälschlich an *Analysen in Termini kultureller Totalität glauben lassen.*[155] Mit einem Subjekt für die gesamte Geschichte und mit historischen Totalitäten solle nunmehr Schluß sein. Maßgeblich wird historische *Diskontinuität*[156].

Die Methodenabhandlung Foucaults folgt einer Rhetorik der Verneinung üblicher Sichtweisen und der Setzung einer bisher nicht bekannten Forschung. Die neue Forschung versteht *Diskurse als bestimmten Regeln gehorchende Praktiken. Sie behandelt den Diskurs nicht als Dokument, als Zeichen für etwas anderes [...], sie wendet sich an den Diskurs [...] als M o n u m e n t [...], sie sucht nicht einen «anderen Diskurs», der besser verborgen wäre. Sie wehrt sich dagegen, «allegorisch» zu sein.*[157] Die neue Methodik interpretiert nicht, aber sie bildet auch keine Ergänzung der angelsächsischen analytischen Philosophie, sie ist *weder formalisierend noch interpretativ*[158]. Foucault nennt die neue Methodik *Archäologie.* Ihr Gegenstand hat verschiedene Bezeichnungen: *diskursive Formation, Positivität, historisches Apriori, Archiv*[159]. Statt *Rationalität* oder *Teleologie* sagt er *Positivität* und nennt sich selbst *glucklicher Positivist.*[160] Dasjenige, was mit dem *sprachwidrigen* Ausdruck *historisches Apriori* bezeichnet wird, definiert sich als die Gesamtheit der Regeln, die eine diskursive Praxis charakterisieren.[161] Das *Archiv* schließlich ist *das allgemeine System der Formation der Aussagen*[162].

Michel Foucault beabsichtigt die Klärung zweier Bezüge: Zum einen geht es ihm um Abgrenzungen zur Transzendentalphilosophie und zur analytischen Philosophie, zum anderen will er klären, wie sich seine Historie zu geschichtlichen Veränderungen verhält. Geschichtliche *Veränderung* setzt *nicht «neue Ideen», ein wenig Erfindungskraft und Kreativität, andere Mentalität voraus, sondern Transformation in eine Praxis ohne die bisherige Souveränität des Subjekts*[163]. Erstmals erscheint dabei der *Diskurs* auch als

Michel Foucault 1977 im Berliner Kino «Arsenal» bei der deutschen Erst-
aufführung des Films «Ich, Pierre Rivière, der ich meine Mutter, meine
Schwester und meinen Bruder getötet habe»

*Frage nach der Macht* und als *Gegenstand eines Kampfes und eines politischen Kampfes.*[164] Dieses auf spätere Arbeiten vorausweisende Motiv wird jedoch in diesem Buch nicht weiter ausgeführt.

Die von Foucault unternommene Archäologie ist also weder analytische Philosophie noch Transzendentalphilosophie, vielmehr geht es darum, *die Geschichte des Denkens aus seiner transzendentalen Unterwerfung* bzw. *aus der phänomenologischen Umarmung zu befreien.*[165] Aus der Phänomenologie als Lehre von der Weltkonstitution in *Begriffen des Bewußtseins*[166] übernimmt Foucault jedoch die Rede von einem *Feld*, dem er *Regeln* und *Beziehungen* hinzufügt.[167]

Im Hinblick auf die sprachanalytische Philosophie scheint sich eine Übereinstimmung zwischen Foucaults Analyse der *Aussage* (*énoncé*) mit Wittgensteins, John Longshaw Austins oder John Searles Theorie der Sprechakte zu ergeben. Mit Hilfe desselben Satzes kann Verschiedenes geäußert werden. «Es regnet» kann zum Beispiel eine Mitteilung oder eine Warnung enthalten. Foucault lehnt zwar jede Analogie zur Theorie der Sprachakte ab[168], in einem Brief an John Searle vom 15. Mai 1979 schreibt er jedoch: *Ich irrte mich, als ich sagte, daß Aussagen (énoncés) keine Sprechakte seien. Aber ich wollte dadurch hervorheben, daß ich sie in einem anderen Blickwinkel wahrnahm als Sie.*[169] Der Unterschied zwischen Foucaults Archäologie und der sprachanalytischen Theorie scheint darin zu liegen, daß Foucault nicht nach einer Beziehung des Sprechers zur Bedeutung der Aussage fragt, sondern nach einer Beschreibung linguistischer Funktionen in der Außenwahrnehmung.[170]

Am Ende fragt sich Foucault, was Gegenstand und was Status der Archäologie ist: *Geschichte der Philosophie?*[171] Foucault nennt sein Verfahren *Diagnostik*; sie sei weder *Philosophie* noch *Geschichte im traditionellen Sinn.*[172] In diesem Zusammenhang mag sich der seit *Die Ordnung der Dinge* immer wieder gehegte Verdacht bestätigen, Foucault betreibe «Strukturalismus» wie der Ethnologe Lévi-Strauss, wie der Psychoanalytiker Lacan oder wie die Linguistik. In einem Interview mit «Le Monde» hatte sich Foucault 1961 zur strukturalistischen Methode bekannt. Der Religionswissenschaftler Dumézil habe ihn durch *seine Vorstellung von Struktur* dazu inspiriert, auch beim Wahnsinn nach *strukturierten*

Das Treffen der Strukturalisten. Von links: Michel Foucault, Jacques Lacan, Claude Lévi-Strauss, Roland Barthes. Karikatur von Maurice Henry in «Quinzaine Littéraire», 1. Juli 1967

*Erfahrungsformen* zu suchen.[173] In seiner *Archäologie des Wissens* jedoch negiert er jede Verwandtschaft mit dem Strukturalismus, denn er biete *nicht die Übertragung einer strukturalistischen Methode […] auf das Gebiet der Geschichte*[174]. Weitaus polemischer hieß es schon im Vorwort zur deutschen Ausgabe von *Die Ordnung der Dinge*: *In Frankreich beharren halb gewitzte «Kommentatoren» darauf, mich als einen «Strukturalisten» zu etikettieren. Ich habe es nicht in ihre winzigen Köpfe kriegen können, daß ich keine der Methoden, Begriffe oder Schlüsselwörter benutzt habe, die die strukturalen Analysen charakterisieren.*[175] Diese vehemente Ablehnung hat Foucault 1978 jedoch nicht gehindert, die Annahme Lacans, wonach es *Sinn nur dank der Zwangswirkungen von Strukturen gibt*, als *Tatsache* zu verstehen.[176]

Gemeinhin wird Foucault dem sogenannten Post-Strukturalismus zugerechnet. Der linguistische Strukturalismus Ferdinand de Saussures war davon ausgegangen, daß Sprache auf einer strikten Isomorphie von Bezeichnendem und Bezeichnetem beruht. Sprache besteht aus Zeichen, die etwas bezeichnen. Zeichen und Bezeichnetes bilden ein geschlossenes System. Der gemeinsame Nenner poststrukturalistischer Überlegungen besteht nun darin zu bestreiten, daß Sprache den Charakter eines geschlossenen Systems besitzt. Sprache gilt als «Diskurs», das heißt, als Auftreten von Bedeutung, für die sich innerhalb der Sprache kein Prinzip des Abschlusses findet. Dabei heben sich im Poststruktu-

Der Katzenfreund Foucault in seiner Pariser Wohnung

ralismus zwei einander entgegengesetzte Richtungen heraus. Für die eine verweist Sprache stets weiter auf Sprache und erreicht deshalb keinen Gegenstand, der außerhalb ihrer liegt. Diese Richtung wird von Jacques Derrida vertreten. Die andere geht davon aus, daß es außersprachliche Kräfte und Vorgänge sind, die die Produktion von Diskursen bestimmen. Dies ist trotz aller Schwankungen die Position Foucaults.[177]

# Macht und Gouvernementalität

In Foucaults Selbstdarstellung für seine Kandidatur am Collège de France von 1969 und in seiner Antrittsvorlesung kündigt sich ein neuer Gegenstand der Untersuchung an: Macht. Die Antrittsvorlesung greift Nietzsches Thema eines «Willens zur Wahrheit» auf und bildet die *Hypothese, daß in jeder Gesellschaft die Produktion des Diskurses zugleich kontrolliert, selektiert, organisiert und kanalisiert wird – und zwar durch gewisse Prozeduren, deren Aufgabe es ist, die Kräfte und die Gefahren des Diskurses zu bändigen, sein unberechenbar Ereignishaftes zu bannen, seine schwere und bedrohliche Materialität zu umgehen.*[178] Es gelte, daß der *Wille zur Wahrheit* sich *auf eine institutionelle Basis* stützt: *Er wird zugleich verstärkt und ständig erneuert von einem ganzen Geflecht von Praktiken wie vor allem natürlich der Pädagogik, dem System der Bücher, der Verlage und der Bibliotheken.*[179] Von *Nietzsche zu Artaud und zu Bataille* wurde dagegen begonnen, den Willen zur Wahrheit *umzubiegen und ihn gegen die Wahrheit zu wenden*[180]. Die Antrittsvorlesung führt das Beispiel der Ausschließung des Wahns im Sinn von *Wahnsinn und Gesellschaft* an und erwähnt die Psychoanalyse als Verlängerung der Ausschlußpraktiken. Die Antrittsvorlesung berührt viele Themen, so verspricht sie zum Beispiel eine Untersuchung über die Diskurse der Vererbung, die allerdings nie zustande kam. An ihre Stelle treten Analysen zur Macht, von denen in der Antrittsvorlesung noch nicht die Rede ist. Deutlicher wird hier eine Selbstdarstellung von 1969. In *Wahnsinn und Gesellschaft* sei er einer Methode gefolgt, *die weder theoretischer oder wissenschaftlicher Diskurs noch Literatur ist, sondern eine alltägliche und regelmäßige Praxis*[181]. In *Die Ordnung der Dinge* habe er das Umgekehrte versucht, *die gesamte praktische*

*und institutionelle Seite zu neutralisieren, ohne jedoch das Vorha-*
*ben aufzugeben, eines Tages darauf zurückzukommen* [182]. Foucault
stellt sich hier so dar, als habe er einen großen Plan verfolgt und
ihn bisher erfüllt. In Wirklichkeit stand damals gerade die Verbindung theoretischer mit praktischen Aspekten aus, und sie war weder auf der methodischen Grundlage von *Wahnsinn und Gesell-*
*schaft* noch von *Die Ordnung der Dinge* herstellbar. Die gesuchte
Beziehung, die Foucault erst in den siebziger Jahren entwickelt,
lautet *Macht-Wissen (pouvoir-savoir)*. Ihre erste Formulierung
findet sich in Foucaults *Résumé des cours 1970–1982*, den Zusam-
menfassungen seiner zwischen 1970 und 1982 am Collège de
France gehaltenen Lehrveranstaltungen. In der Übersicht über
die Arbeit der Jahre 1971/72 heißt es: *Die Arbeitshypothese lautet:*
*Die Machtbezüge (mit den Kämpfen, die sie durchziehen, und den*
*Institutionen, die sie erhalten) spielen hinsichtlich des Wissens nicht*
*bloß die Rolle einer Erleichterung oder eines Hindernisses. […]*
*Macht und Wissen sind nicht nur durch ein Interessenspiel oder*
*durch Ideologeme aneinander gebunden […], es gibt […] funda-*
*mentale Formen des «Macht-Wissens».* [183] Erst damit ist die neue
Arbeitsrichtung Foucaults formuliert. Das Jahr zuvor hatte er in
seinen Lehrveranstaltungen noch dem «Willen zur Wahrheit» in
dem Sinn der Antrittsvorlesung gewidmet und dort zunächst die
Psychoanalyse als noch *sehr rudimentäre Ausarbeitung diskursiver*
*Praktiken* bezeichnet, die eine Übertragung auf das *Feld histori-*
*schen Studiums* nicht erlauben. [184] Auf diesem Wege wurde Aristoteles' Ethik und Metaphysik mit Nietzsches «Die fröhliche
Wissenschaft» verglichen und herausgearbeitet, daß Nietzsche im
Unterschied zu Aristoteles ein *Modell* einer *fundamental interes-*
*segebundenen Erkenntnis* vertritt, das *als Ereignis des Wollens*
*hervorgebracht wird und das durch Falsifikation den Effekt der*
*Wahrheit hervorbringt.* Auf diese Weise sei Nietzsche *am weitesten*
*von den Postulaten der klassischen Metaphysik entfernt.* [185] In den
Lehrveranstaltungen von 1971/72 wird das Macht-Wissen unter
dem Begriff *Inquisition* eingeführt, die von *Francis Bacon, diesem*
*Administrator*, methodisch gelenkt wurde. Für uns selbst gelte:
*Die Inquisition: Macht – Wissen – Form, grundlegend für unsere*
*Gesellschaft.* [186]
  Im Jahr 1975 erscheint Foucaults Buch *Überwachen und Strafen.*

*Die Geburt des Gefängnisses.* Dieses Werk und die übrigen bezeichnet er im selben Jahr als *kleine Werkzeugkisten, um das Machtsystem kurzzuschließen, zu demontieren oder zu sprengen, einschließlich vielleicht desjenigen Machtsystems, aus dem diese meine Bücher hervorgegangen sind*[187]. Es sind die aktuellen Gefängnisrevolten in Frankreich, die Foucault *weniger von der Geschichte als von der Gegenwart* lernen lassen.[188] Das Buch, das sich ausdrücklich auf die Herkunft des französischen Strafjustizsystems beschränkt, besitzt ein klar bezeichnetes Thema und folgt einer ebenso klaren Methode. *Weder bei Hegel noch bei Comte spricht die Bourgeoisie direkt. Abseits von diesen geheiligten Texten läßt sich eine völlig bewußte, organisierte, reflektierte Strategie aus einer Masse von unbekannten Dokumenten ganz klar ablesen, die den wirklichen Diskurs einer politischen Aktion darstellt.*[189] Bereits in der Debatte mit Sartre über *Die Ordnung der Dinge* hatte Foucault sich 1966 aggressiv gegen eine von Philosophen konstruierte Historie gewandt: *Wir töten nicht die Historie, aber die Historie für Philosophen, die ist es, die ich unbedingt töten will.*[190]

Gegenstand des Buches ist *eine Korrelationsgeschichte der modernen Seele und einer neuen Richtgewalt. Eine Genealogie des heutigen Wissenschaft/Justizkomplexes, in welchem die Strafgewalt ihre Stützen, ihre Rechtfertigungen und ihre Regeln findet, ihre Wirkungen ausweitet und ihre ungeheure Einzigartigkeit maskiert.*[191] Mit dieser Absicht *soll also der Versuch unternommen werden, die Metamorphose der Strafmethoden von einer politischen Technologie des Körpers her zu untersuchen, aus der sich vielleicht eine gemeinsame Geschichte der Machtverhältnisse und der Erkenntnisbeziehungen ablesen läßt. So könnte aus der Analyse der Strafmilde verständlich werden, wie der Mensch, die Seele, das normale oder abnormale Individuum zu weiteren Zielen der Strafintervention neben dem Verbrechen geworden sind; und wie eine spezifische Unterwerfungsmethode zur Geburt des Menschen als Wissensgegenstand für einen «wissenschaftlichen» Diskurs führen konnte.*[192] Das objektive Wissen vom Individuum ist Ergebnis von Disziplinarpraktiken: Diese Behauptung belegt Foucaults Buch mit Nachdruck. Aber es schleicht sich ein zweites, das Verständnis irritierendes Thema ein: die Macht. Von ihr soll gelten, *daß ihr als Modell die immerwährende Schlacht zugrunde gelegt wird und nicht der Vertrag über die Abtretung eines Gebietes oder die I rung, die sich eines solchen bemächtigt.*[193] Aus diesem Grund schließt das Buch mit dem Satz, in den Disziplinartechniken sei das *Donnerrollen der Schlacht nicht zu überhören*[194]. In einem Gespräch mit dem Lacan-Schüler Jacques-Alain Miller und anderen unterscheidet Foucault zwischen *Entgegensetzung, Kampf* und *Schlacht* und bemerkt: *Wir kämpfen alle gegen alle.*[195] Der von Thomas Hobbes für einen fiktiven Naturzustand postulierte «Kampf aller gegen alle» findet laut Foucault somit tatsächlich, nunmehr aber innerhalb der Gesellschaften statt.

*Überwachen und Strafen* zeigt jedoch nicht auf, daß die Techniken der Disziplinierung in Konkurrenz oder im Kampf mit anderen Mächten liegen. Weitaus eher gelingt Foucault der Nachweis, daß Macht sich um so widerstandsloser ausbreitet, je mehr sie im *Prinzip auf Ausschreitung und Gewalt* verzichtet.[196] Die Analysen des Buches zur Entstehung des Gefängnisses sind jedoch weder in ein Kampfmodell rivalisierender Mächte eingefügt, noch werden sie mit Hilfe dieses Modells verstehbar.

Michel Foucault läßt sich Zeit, um den Wandel von grausamen Exekutionen zur Gefängnisstrafe zu zeigen. Am Anfang von *Überwachen und Strafen* stehen Dokumente über die Vierteilung, Zerstückelung und Verbrennung des Attentäters Robert Damiens. Er hatte Anfang Januar 1757 ein Attentat auf Ludwig XV. versucht und wurde noch im selben Jahr bestialisch hingerichtet. Der Wandel von Marter und Exekution zur Gefängnishaft stellt in Foucaults Perspektive nun keinen Sieg der Humanität dar, sondern eine Optimierung der Strafleistung: *Die eigentliche «Reform», die sich in den Rechtstheorien und in den Projekten niederschlägt, ist die politische oder philosophische Version jener Strategie, deren erste Ziele sind: daß aus der Bestrafung und Unterdrückung der Ungesetzlichkeiten eine regelmäßige und die gesamte Gesellschaft erfassende Funktion wird; daß vielleicht mit einer gemilderten Strenge, aber jedenfalls mit größerer Universalität und Notwendigkeit gestraft wird; daß die Strafgewalt tiefer im Gesellschaftskörper verankert wird.*[197] Foucault beschreibt eine *Mikrophysik der Macht,* verstanden als *die feinsten Verzweigungen der Macht bis dorthin, wo sie an die Individuen rührt, ihre Körper ergreift, in ihre Gesten, ihre Einstellungen, ihre Diskurse, ihr Lernen, ihr alltägliches Leben eindringt.*[198]

Die Hinrichtung Robert François Damiens', des Attentäters auf
Ludwig XV., am 28. März 1757. Zeitgenössischer Kupferstich

Es wäre müßig, Foucault daran zu erinnern, daß die Neuzeit
auch einen Rationalisierungsprozeß hinsichtlich des Rechts er-
bracht hat. Foucaults Mikrophysik der Macht schließt eine Entwicklung des Rechts nicht aus. Er unterscheidet ausdrücklich
zwischen *Strafjustiz* und *Strafsystem*.[199] Die Strafjustiz wendet
Gesetze an und spricht Urteile aus. Die Disziplinarmacht dagegen
homogenisiert und normiert die Individuen. Seit dem 18. Jahrhundert gilt, daß *die Macht der Norm zu anderen Mächten hinzu-
tritt und neue Grenzziehungen erzwingt: zur Macht des Gesetzes,
zur Macht des Wortes und des Textes, zur Macht der Tradition. [...]
Zusammen mit der Überwachung wird am Ende des klassischen
Zeitalters die Normalisierung zu einem der großen Machtinstru-
mente. An die Stelle der Male, die Standeszugehörigkeiten und Pri-
vilegien sichtbar machen, tritt mehr und mehr ein Zentrum von
Normalitätsgraden.*[200]
Es kann kein Zweifel darüber bestehen, daß Foucault damit eine
Analyse liefert, die der des Soziologen Max Weber zur Entstehung
der neuzeitlichen Rationalität vergleichbar ist. Max Weber sah in

der «bureaukratisch-monokratischen aktenmäßigen Verwaltung» die «formal rationalste Form der Herrschaftsausübung». Auf allen Gebieten – «Staat, Kirche, Heer, Partei, Wirtschaftsbetrieb, Interessenverband, Verein, Stiftung und was immer es sei» – ist für ihn formale Rationalität mit bürokratischer Verwaltung identisch.[201] Weber bildete auch den Begriff des «Idealtypus», der gesellschaftliches Handeln erkennbar werden lassen soll. Eine Sekte zum Beispiel läßt sich auf den Idealtypus «Sektengeist» zurückführen, der selber kaum rein in der Geschichte vorkommt.[202] Foucault beansprucht, in doppelter Hinsicht von Max Weber abzuweichen, und zwar einmal hinsichtlich der Rationalitätsanalysen, zum anderen im Hinblick auf die «Idealtypen». Er wendet sich gegen die Webersche Vorstellung eines allgemeinen Rationalitätsfortschritts und Rationalisierungsprozesses. *Es scheint sinnvoll zu sein, den Rationalitätsprozeß von Gesellschaft und Kultur nicht als eine Ganzheit zu nehmen, sondern einen solchen Prozeß*

Max Weber, um 1917/18

*in verschiedenen Bereichen zu analysieren und dabei in jedem Be-*
*reich Bezüge zu einer grundlegenden Erfahrung aufzudecken:*
*Wahnsinn, Krankheit, Tod, Verbrechen usw. Ich denke, das Wort*
*«Rationalisierung» ist gefährlich. Man soll eher gewisse spezifische*
*Rationalitäten analysieren, statt sich beständig auf den Rationalitäts-*
*prozeß im allgemeinen zu berufen.*[203] In einem Rundgespräch im
Mai 1978 äußert sich Foucault ausdrücklich zu Max Weber: Wenn
man von einem Rationalitätsprozeß spricht, so glaubt man einer-
seits an einen *absoluten Wert der Vernunft* und geht andererseits
das Risiko ein, *in die Rubrik der Rationalisierung beliebige Inhalte*
*hineinzulegen.*[204] Auf den Einwand, Foucault benutze selbst wie
Max Weber eine historisch-idealtypische Methode, entgegnet er:
*Ich denke nicht, daß Ihr Vergleich mit Max Weber treffend ist. […]*
*Wenn ich versuche, die für Strafe und Gefängnis typischen Ratio-*
*nalisierungen zu analysieren […], ist dies dann eine Analyse mittels*
*Idealtypen? Ich glaube nicht, und dies aus mehreren Gründen. Die*
*rationalen Schemata des Gefängnisses, des Hospitals und der Irren-*
*anstalt bilden keine allgemeinen Prinzipien, die allein durch die*
*retrospektive Interpretation des Historikers entdeckt werden. Es*
*handelt sich um ausdrückliche* P r o g r a m m e *. […] Wenn sie eine*
*Idealität besitzen, so die eines Programmierens.*[205]

Wollte Max Weber die Entwicklung der Neuzeit als Prozeß der
Etablierung «der» Zweckrationalität mit Hilfe von idealtypischen
Begriffen erklären, die «genetisch» Entwicklungsprozesse aus un-
terstellten «Idealtypen» hervorgehen lassen, so versteht Foucault
seine Arbeit anders: An die Stelle des kollektiven Begriffs «Rationalität» setzt er die Strategie der Beschreibung *als lokale und*
*regionale Praxis, die […] nicht totalisiert*[206]. Und an die Stelle der
rekonstruktiven Analyse durch Idealtypen setzt er Beschreibungen
von Programmen und Praktiken. Sein Ziel ist nicht der Nachweis einer genetisch faßbaren Kontinuität sozialer Handlungen.
Vielmehr geht er von Brüchen und Diskontinuitäten – hier dem
Wechsel von der Exekution zur Disziplinarstrafe – aus, um zu zeigen, daß sie etwas bedingen, was man bisher damit nicht in Zusammenhang brachte, nämlich die Humanwissenschaften und ihr
Wissen vom Menschen. Max Weber verfolgt dagegen ein Verfahren
genetischer Erklärung einzelner Erscheinungen aus einem zu
Erklärungszwecken ihnen zugrunde gelegten Idealtyp. Foucault

unternimmt eher die «Genealogie» oder «Archäologie» von ideal-typischen Begriffen wie «der Mensch» aus einzelnen Erscheinungen wie den Programmen der Straf- und Disziplinarpraxis. Dabei geschieht eine Umkehrung Max Webers. Er setzt auf normalerweise nicht beachtete Dokumente statt auf Idealtypen. Es erhebt sich dann allerdings die Frage, welchen Status seine eigenen archäologischen Begriffe wie *episteme*, *das klassische Zeitalter*, *die okzidentale Vernunft* zum Beispiel in *Die Ordnung der Dinge* besitzen.

Im Jahr 1973 gab Foucault zusammen mit sieben Mitarbeitern ein sensationelles Dokument heraus: die Aufzeichnungen eines normannischen Bauern namens Pierre Rivière, der seine Mutter, seinen Bruder und seine Schwester getötet hatte. Er wurde zum Tod verurteilt, dann zu lebenslanger Haft begnadigt und erhängte sich 1840 im Gefängnis. Das Dokument – «Ich, Pierre Rivière, der ich meine Mutter, meine Schwester und meinen Bruder umgebracht habe und der ich die Motive kenntlich machen will, die mich zu dieser Handlung geführt haben»[207] – dient Foucault vor allem dazu, jene in *Überwachen und Strafen* diagnostizierte «Schlacht» zwischen den sozialen Instanzen zu demonstrieren: *Die Ärzte hatten ihre Schlacht unter sich, mit den Regierungsbeamten, mit Rivière selbst [...]; die Regierungsbeamten hatten ihre Schlacht über die medizinischen Gutachten; [...] die Dorfbewohner von Aunay hatten ihre Schlacht.*[208] Ein zweites Motiv Foucaults war sein Verfahren, Dokumente sprechen zu lassen, deren *Studium die alten akademischen Methoden der Textanalyse beiseite lassen muß und all jene Begriffe, die sich aus dem monotonen und schulischen Prinzip der Schrift ergeben*[209].

In *Überwachen und Strafen* gelingen Foucault eindringliche Darstellungen der Disziplinarmacht. Eine Verbindung von Wissen und Macht bildet die *Prüfung*, die seit dem 18. Jahrhundert in Psychiatrie, Pädagogik, medizinischer Diagnostik oder bei der Überprüfung von Arbeitskräften maßgeblich wird. Foucault verbindet – wie einst in *Die Geburt der Klinik* – das Phänomen der sozialen Technik der Prüfung mit dem aristotelischen Problem der Möglichkeit einer Wissenschaft vom Individuellen. *Das aristotelische Problem, ob eine Wissenschaft vom Menschen möglich sei, ist gewiß ein großes Problem und hat vielleicht große Lösungen gefunden. Doch gibt es das kleine, historische Problem, daß gegen Ende des 18. Jahrhunderts etwas aufgetaucht ist, was man die «klinischen» Wissenschaften nennen könnte; das Problem des Eintritts des Individuums (und nicht mehr der Spezies) in das Feld des Wissens; das Problem der Einführung der Einzelbeschreibung, der Vernehmung, der Anamnese, des «Dossiers» in den allgemeinen Betrieb des wissenschaftlichen Diskurses.*[210] Es löst sich bei der Betrachtung von *Aufzeichnungs- und Registrierungsverfahren, bei den Überprüfungsmechanismen, bei der Formierung der Disziplinaranlagen*[211]. So darf geschlossen werden: *Die Geburt der Wissenschaften vom Menschen hat sich wohl in jenen ruhmlosen Archiven zugetragen, in denen das moderne System der Zwänge gegen den Körper, die Gesten, die Verhaltensweisen erarbeitet worden ist.*[212] Foucault weiß, daß er mit diesen Überlegungen nicht nur von den Analysen Max Webers abweicht, sondern auch von drei anderen Sichtweisen, nämlich der gewöhnlichen Deutung der Aufklärung, der juristisch-ökonomischen Erklärung der Individuen und schließlich den traditionellen Deutungen von «Macht». Zur europäischen Aufklärung des 18. Jahrhunderts bemerkt der Aufklärer Foucault, daß ohne Zweifel *der Wille aller bei Jean-Jacques Rousseau fundamentale Instanz der Souveränität sei*[213]. Doch müsse ergänzt werden: *Die wirklichen und körperlichen Disziplinen bildeten die Basis und das Untergeschoß zu den formellen und rechtlichen Freiheiten. [...] Die «Aufklärung», welche die Freiheiten entdeckt hat, hat auch die Disziplinen erfunden.*[214]

Milder als mit der Aufklärung verfährt er mit jener – zum Beispiel von John Locke oder Adam Smith vertretenen – Auffassung, wonach Individuen sich durch Warentausch und Vertrag verbinden. Dazu sei ergänzend zu bemerken, *daß es in derselben Epoche eine Technik gab, mit deren Hilfe die Individuen als Macht- und Wissenselemente wirklich hergestellt worden sind*[215].

Die Aufklärung soll einer Komplizenschaft mit den Disziplinartechniken überführt, die Gesellschaftstheorien von Vertrag und Tausch sollen dagegen durch Darlegung der Disziplinarmacht nur ergänzt, nicht aber ersetzt werden. Nun stehen alle Aussagen des Buches einschließlich der Interviews Foucaults zu diesem Buch im Bannkreis seiner Konzeption des Phänomens der Macht, die Foucault bisher die breiteste Beachtung und die schärfste Kritik

Jean-Jacques
Rousseau. Büste von
Jean-Antoine Houdon

einbrachte. Es fällt auf, daß Foucault keine theoretischen Vor-
schläge liefern will, wie «Macht» zu definieren sei. Vielmehr
scheint er bei all seinen Untersuchungen zum Phänomen der
Macht davon auszugehen, daß keine Chance besteht, «Macht»
theoretisch erfolgreich zu objektivieren. Diese Ansicht könnte an
Max Webers Diktum anschließen, wonach «Macht» im Unterschied zu «Herrschaft» etwas soziologisch Formloses ist. Es geht
Foucault *nicht darum, zu beschreiben, was Wissen ist und was
Macht ist*[216], *denn was die Macht ist, weiß man wohl noch immer
nicht*[217]. Vermutlich ist es eine Pointe Foucaults, daß er das Fehlen
einer erfolgreichen Definition und Theorie von «Macht» nutzt,
um mit Kennzeichnungen zu beschreiben, was vorliegt, wenn von
«Macht» in sozialen Bezügen gesprochen wird.

Wenn Foucault also von «Macht» spricht, dann setzt er ein theoretisches Vakuum voraus, das er zugleich mit verschiedenen Annahmen oder Bedingungen zu füllen sucht. Der in seiner Sicht empirische Befund, daß nicht nur Wissen Macht ist, sondern daß Macht ebenso Wissen bedeutet, Macht also wissensproduktiv ist, bildet den maßgeblichen theoretischen Anspruch von *Überwachen und Strafen*. Hatte Francis Bacon am Beginn der neuzeitlichen Naturwissenschaft bemerkt, daß Wissen Macht werde[218], so fügt Foucault hinzu, die Umkehrung treffe ebenso zu. *Man muß aufhören, die Wirkungen der Macht immer nur negativ zu beschreiben, als ob sie nur «ausschließen», «unterdrücken», «verdrängen», «zensieren», «abstrahieren», «maskieren», «verschleiern» würde. In Wirklichkeit ist die Macht produktiv; und sie produziert Wirkliches. Sie produziert Gegenstandsbereiche und Wahrheitsrituale: das Individuum und seine Erkenntnis sind Ergebnisse dieser Produktion.*[219]

So führte auch die Bedrohung durch die Pest Ende des 17. Jahrhunderts in den Städten Frankreichs und Englands zu Maßnahmen der Registrierung und Überwachung der Bevölkerung, aus denen im 18. Jahrhundert eine Überwachungsform hervorging, die die *Macht automatisiert und entindividualisiert*[220]. Es handelt sich um die Überwachungsart des Panoptikon, das heißt eines Gefängnisses oder Zuchthauses, in welchem alle Innenteile von einem einzigen Punkt aus gesehen werden können. *Das Panopticon ist eine Maschine zur Scheidung des Paares Sehen/Gesehenwerden: im Außenring wird man vollständig gesehen, ohne jemals zu sehen; im Zentrum sieht man alles, ohne je gesehen zu werden.*[221] Die Sichtbarkeit aller für die Bewacher ist *vielseitig einsetzbar: [das Panopticon] dient zur Besserung von Sträflingen, aber auch zur Heilung von Kranken, zur Belehrung von Schülern, zur Überwachung von Wahnsinnigen, zur Beaufsichtigung von Arbeitern, zur Arbeitsbeschaffung für Bettler und Müßiggänger.*[222] Es handelt sich jedoch bei dem Panoptikon nicht etwa um eine totalitäre Überwachung, denn die *Disziplinaranlage wird demokratisch kontrolliert*[223].

Michel Foucault weist nach, daß der maßgebliche Theoretiker der panoptischen Überwachung der englische Jurist und Sozialphilosoph Jeremy Bentham (1748–1832) – der Begründer des ethischen Utilitarismus – war. Damit liefert seine Darstellung des

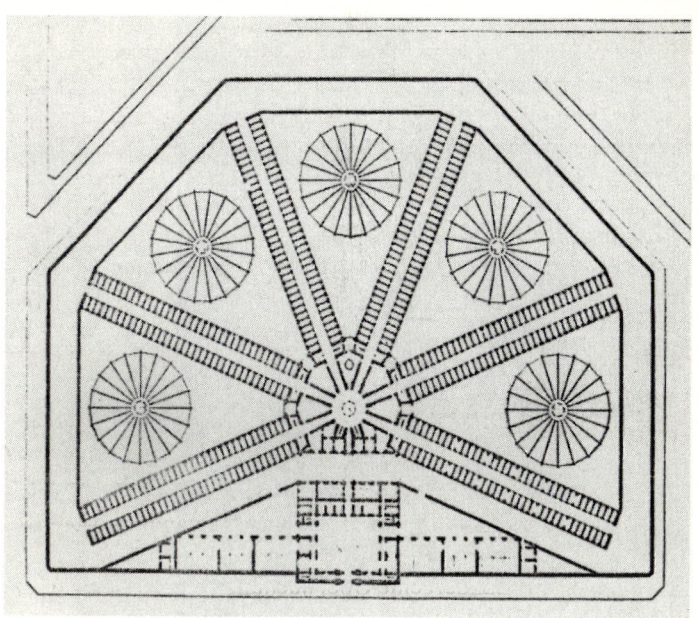

Plan des Gefängnisses von Mazas

Panoptismus zugleich ein Beispiel für einen Zusammenhang zwischen Wissen und Macht. Obwohl Foucault es nicht ausdrücklich ausspricht, soll seine Analyse der Benthamschen panoptischen Überwachung auch den Grund für die utilitaristischen Sozialreformen freilegen, die nach dem Prinzip des «größten Glücks für die größte Zahl» von Menschen verfahren. Das gesammelte Wissen von den Glücksbedingungen des Menschen verdankt sich letztlich einer panoptischen Transparenz der Gesamtgesellschaft. Das Panoptikon *wird ein Glaspalast, in dem die Ausübung der Macht von der gesamten Gesellschaft durchschaut und kontrolliert werden kann* [224].

Die abschließenden Überlegungen in *Überwachen und Strafen* widmet Foucault dem Thema des Gefängnisses. Im Gefängnis kulminiert für Foucault die von der Gesellschaft bis heute nicht preisgegeben, sozial verallgemeinerte Verbindung von Wissen

Jeremy Bentham. Gemälde von Henry William
Pickersgrill, 1829. London, National Portrait Gallery

und Macht, ohne welche die Humanwissenschaften nicht denkbar
wären. *Das Kerkernetz bildet ein Arsenal dieses Komplexes aus
Macht/Wissen, der die Humanwissenschaften geschichtlich ermöglicht hat. Der erkennbare Mensch (Seele, Individualität, Bewußtsein, Gewissen, Verhalten ...) ist Effekt/Objekt dieser analytischen
Erfassung, dieser Beherrschung/Beobachtung. [...] Das erklärt
zweifellos die Unerschütterlichkeit des Gefängnisses, an dem doch
seit seiner Geburt so viel kritisiert worden ist. Wäre es nur ein Ver-*

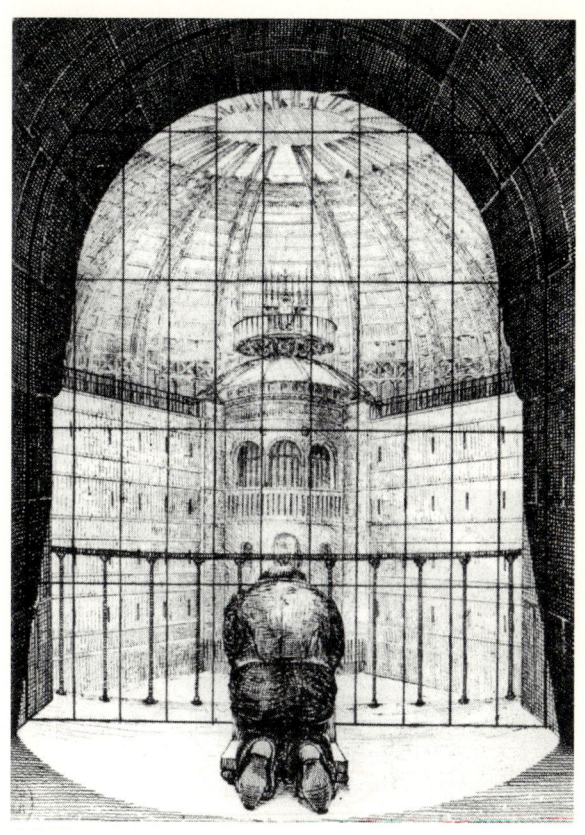

Betender Häftling gegenüber einem zentralen
Überwachungsturm

stoßungs- oder Unterdrückungsinstrument im Dienste eines Staats-
apparates, so wäre es leichter gewesen, seine auffälligsten Formen
zu ändern oder einen rühmlicheren Ersatz zu finden. Da es aber so
tief in Machtanlagen und -strategien eingebettet ist, setzt es jedem
Veränderungswillen ein großes Beharrungsvermögen entgegen.[225]
Foucault erkennt im Gefängnis jedoch nicht nur eine generelle
Bestätigung seiner Thesen über Wissen und Macht, sondern er
betont nachdrücklich den sozial bedenklichen Zusammenhang

zwischen Gefängnisaufenthalt und Kriminalität, denn das Gefängnis erzeugt Delinquenz: *Bereits 1920 stellt man fest, daß das Gefängnis, anstatt die Kriminellen in rechtschaffene Leute zu verwandeln, nur neue Kriminelle produziert bzw. die Verbrecher noch tiefer in ihre Kriminalität hineintreibt. [...] bekanntlich hat Napoleon III. die Macht mit Hilfe einer Gruppe errungen, die zumindest auf ihrer unteren Ebene aus gewöhnlichen Delinquenten bestand. Und wenn man sieht, mit welcher Furcht und mit welchem Haß die Arbeiter des 19. Jahrhunderts den Delinquenten gegenüberstanden, so versteht man, daß diese gegen jene eingesetzt wurden: in politischen und sozialen Kämpfen, zur Überwachung, zur Unterwanderung, zum Verhindern oder Brechen von Streiks usw. [...] Das große Instrument dieser Rekrutierung war das Gefängnis. Sobald jemand ins Gefängnis kam, setzte sich ein Mechanismus der Schande in Gang, und wenn er entlassen wurde, mußte er entweder wieder straffällig werden – oder er rückte zum Zuhälter, zum Polizisten oder Spitzel auf. [...] Gegen 1840 ist klar geworden, daß man die Delinquenten nicht bessern und tugendhaft machen wollte, sondern sie in einem bestimmten Milieu sammeln wollte, das eine Waffe zu ökonomischen oder politischen Zwecken sein konnte. Nun ging es nicht mehr darum, ihnen etwas beizubringen, sondern ihnen gerade nichts beizubringen, damit sie nach dem Verlassen des Gefängnisses zu keiner Tätigkeit imstande sein würden. Die Unbestimmtheit der Gefängnisarbeit, die anfänglich einem bestimmten Ziel diente, ist nun Element einer anderen Strategie.*[226]

Foucault geht von einem definitorischen Vakuum hinsichtlich der «Macht» aus, das er zunächst mit einer Ergänzung des Bacon-Satzes füllt: Nicht nur wird Wissen Macht, sondern Macht wird auch Wissen. Weitere Annahmen kommen hinzu, und zwar schon die erwähnte Form, wie Macht sich zu Macht verhält: Hier gilt die Hypothese der Schlacht und des Kampfes, die allerdings in *Überwachen und Strafen* nicht überzeugend dargelegt wird.

Eine Darstellung der Diskurse vom Krieg gibt Foucault im Jahre 1976 in einer Vorlesung am Collège de France unter dem Titel *Vom Licht des Krieges zur Geburt der Geschichte*. Thema ist hier nicht eine Mikrophysik der Macht, sondern das Verständnis von Politik als *der mit anderen Mitteln fortgeführte Krieg*[227]. Laut Foucault ist dies die ursprüngliche Fassung des Satzes gewesen, die Carl von

Gefängnis von Stateville, USA, 20. Jahrhundert

Clausewitz umgedreht habe, um den Krieg als Fortsetzung der Politik mit anderen Mitteln zu bestimmen. In der Folge werden verschiedene Kriegsdiskurse beschrieben: der *historisch-politische* Diskurs, der *Feststellung, Ausrufung und Praktizierung des Gesellschaftskrieges war und demgegenüber die hegelsche Dialektik [...], die philosophische und juridische Kolonisierung und Pazifizierung* betrieb.[228] In England entstand nun eine gegen die souveräne Staatsmacht gerichtete Auffassung, wonach *der Krieg, der unsere Gesellschaft durchzieht und zweiteilt, [...] im Grund der Krieg der Rassen*[229] ist. Der Rassendiskurs wurde mit der Französischen Revolution verbunden und bildet mit der Annahme von *gegeneinander kämpfenden Rassen* eine *Waffe gegen den politisch-historischen Diskurs der römischen Staatssouveränität*[230]. Der Rassismus *löst die Idee des Kampfes der Rassen ab. Sobald sich die Reinheit der Rasse an die Stelle des Kampfes der Rassen setzt, wird der Rassismus geboren, in dem sich die Wendung der Gegenhistorie in einem Staatsrassismus vollzieht.*[231] Das 20. Jahrhundert erlebt dann die sowjetische und nationalsozialistische Transformation des

Carl von Clausewitz.
Gemälde von Wilhelm
Wach, 1830

Rassismus, und zwar einerseits als *Nazi-Einschreibung des Staats-rassismus in die alte Rassenkriegslegende und andererseits die Sowjet-Einschreibung des Klassenkampfes in die Mechanismen eines Staatsrassismus*[232].

Auffällig ist, daß Foucault hierbei nicht mehr vom «Krieg» als Beschreibung des bestehenden Machtzustands der Gesellschaft spricht. «Krieg» ist jetzt bloß noch Thema von Diskursen. Dort wo Foucault Kampf und Krieg zum Gegenstand erklärt, hat die «Schlacht» aufgehört, ein reales Prädikat der Gesellschaft zu sein. Eine Zwischenstufe dazu bildet die Beschreibung von *Macht* als *Spiel: Unter Macht ist zunächst zu verstehen [...] das Spiel, das in unaufhörlichen Kämpfen und Auseinandersetzungen diese Kraftverhältnisse verwandelt, verstärkt, verkehrt [...] die Macht ist etwas, was sich von unzähligen Punkten aus und im Spiel ungleicher und beweglicher Punkte vollzieht.*[233]

Eine letzte Verschiebung bei der Füllung des definitorischen Vakuums nimmt der späte Foucault vor, wenn er «Macht» so traditionell als Handlungsbeziehung zwischen freien Personen umschreibt: *Eine Machtbeziehung kann nur auf der Basis zweier Elemente artikuliert werden [...], daß der ‹andere› (derjenige, über den Macht ausgeübt wird) gänzlich anerkannt und vollständig als eine handelnde Person behandelt wird. Und ferner, daß, sobald eine Machtbeziehung besteht, ein ganzes Feld von Antworten, Reaktionen, Ergebnissen und möglichen Erfindungen eröffnet wird. [...] Die Ausübung von Macht besteht in der Leitung von Verhalten und in der Steuerung möglicher Ergebnisse. [...] Macht wird nur über freie Subjekte ausgeübt, und nur insofern sie frei sind.*[234] Diese Bemerkung könnte von einem «amerikanischen» Foucault kommen, der an Kant und am Liberalismus orientiert ist, während der «französische» Foucault einen nietzscheanischen Anarchismus vertritt.[235] Daß es sich so nicht verhält, wird in der Tat aus Foucaults amerikanischem Text nicht deutlich, dafür aber aus einem späten Interview, wo Foucault bemerkt: *Ich bin mir nicht sicher, daß ich, als ich anfing, mich für dieses Problem der Macht zu interessieren, darüber sehr klar gesprochen oder die erforderlichen Wörter benutzt habe. Jetzt habe ich eine sehr viel klarere Sicht. Es scheint mir, daß man unterscheiden muß zwischen Machtbezügen als strategischen Spielen zwischen Freiheiten – stategische Spiele, die bewirken, daß die einen das Verhalten der anderen zu bestimmen suchen, worauf die anderen antworten, indem sie ihr Verhalten nicht bestimmen zu lassen versuchen oder ihrerseits versuchen, das Verhalten der anderen zu bestimmen – und Zuständen der Beherrschung, die das sind, was man gewöhnlicherweise als Macht bezeichnet. Und zwischen beiden, zwischen den Machtspielen und den Zuständen der Beherrschung, liegen die gouvernementalen Technologien.*[236] Foucaults Untersuchungen zur Macht haben sich über den Gedanken der *Bio-Politik der Bevölkerung*, die er 1976 am Schluß von *Der Wille zum Wissen* skizziert[237], zu einer Analyse der «Gouvernementalität» («gouvernementalité») differenziert.[238] Mit ihr setzt er seine Mikrophysik der Macht nunmehr als deren Makrophysik fort. Die Gouvernementalität schließt die Förderung von Reichtum und Fortpflanzung der Bevölkerung ein. Foucaults Untersuchungen zur Geschichte der Gouvernementalität münden in die These: *Das für unsere Modernität, d. h. für unsere Aktualität Wichtige ist nicht die*

*Verstaatlichung der Gesell-*
*schaft, es ist vielmehr das, was*
*ich als ‹Gouvernementalisie-*
*rung› des Staates bezeichnen*
*würde. Wir leben in einer Ära*
*der Gouvernementalität, und*
*zwar derjenigen, die im 18. Jahr-*
*hundert entdeckt wurde.*[239] Ein
Schritt zu dieser Gegenwarts-
diagnose war 1976 die moder-
nitätsspezifische Bestimmung
der Souveränität als Macht
über Leben und Tod gewesen:
*Diese ungeheure Todesmacht*
*kann sich zum Teil gerade des-*
*wegen mit solchem Elan und*
*Zynismus über alle Grenzen*
*ausdehnen, weil sie ja nur das*
*Komplement einer positiven*
*«Lebensmacht» darstellt, die*
*das Leben in ihre Hand nimmt,*
*um es zu steigern und zu ver-*
*vielfältigen, um es im einzelnen*
*zu kontrollieren und im gesam-*
*ten zu regulieren. [...] Die ato-*
*mare Situation ist heute der*
*Endpunkt dieses Prozesses: die*
*Macht, eine Bevölkerung dem*
*allgemeinen Tod auszusetzen,*
*ist die Kehrseite der Macht, ei-*
*ner anderen Bevölkerung ihr*

*Überleben zu sichern. Das Prinzip «Töten, um zu leben», auf dem*
*die Taktik der Gefechte beruhte, ist zum Prinzip der Strategie zwi-*
*schen Staaten geworden: auf dem Spiel steht aber nicht mehr die ju-*
*ridische Existenz der Souveränität, sondern die biologische Existenz*
*einer Bevölkerung. Wenn der Völkermord der Traum der modernen*
*Mächte ist, so nicht aufgrund einer Wiederkehr des alten Rechts zum*
*Töten, sondern eben weil sich die Macht auf der Ebene des Lebens,*

Michel Foucault, 1975

der Gattung, der Rasse und der Massenphänomene der Bevölkerung abspielt.[240]

Erst später wurde der weitere Hintergrund gesichert, vor dem diese Äußerungen zu sehen sind. 1997 erschienen Foucaults Vorlesungen am Collège de France von 1976, «Il faut défendre la société». Aus der letzten Vorlesung (17. März 1976) geht hervor, wie sich Foucault die Verfügung der staatlichen Macht über das Leben und den Tod vorgestellt hat. Vom 18. zum 19. Jahrhundert vollzog sich ein Wandel von der souveränen zur regulierenden Macht: *Die Souveränität machte sterben und ließ leben. Und jetzt erscheint eine Macht, die ich Regulierungsmacht nennen würde. Sie besteht im Gegensatz [zur Souveränität] darin, Leben herzustellen (faire vivre) und sterben zu lassen.*[241] Dann aber stellt sich die Frage, wie diese auf das Leben abgestellte Macht überhaupt Menschen sterben lassen kann. Foucault beantwortet sie mit dem Rassismus: *Wie kann diese Macht sterben lassen, deren wesentliches Ziel in der Förderung von Leben besteht? Wie kann in einem auf die Bio-Macht gegründeten politischen System die Todesmacht, wie die Todesfunktion ausgeübt werden? Das ist, glaube ich, die Stelle, wo der Rassismus eingreift.*[242] In Foucaults Deutung besitzt der Rassismus zwei Züge. Erstens setzt er einen *Schnitt zwischen den, der leben und den, der sterben soll.* Zweitens gilt, *der Tod des anderen, der Tod der schlechten Rasse, der unteren Rasse (oder der Tod des Degenerierten oder des Anormalen), wird das Leben im allgemeinen gesünder und reiner werden lassen.*[243] Foucault denkt hierbei jedoch nicht an einen speziellen Rassismus bestimmter Regierungen, sondern verallgemeinert für die westlichen Gesellschaften: *Dort, wo eine Normalisierungsgesellschaft vorliegt, wo eine Macht besteht, die zumindest auf ihrer gesamten Oberfläche und in erster Instanz eine Bio-Macht darstellt, genau dort ist der Rassismus unerläßlich als Bedingung, um jemanden in den Tod zu schicken, um die anderen in den Tod zu schicken.*[244] Selbstverständlich geht es hierbei nicht nur um unmittelbaren Mord, sondern ebenso um Verfahren der Ausschließung, Verfolgung, Vertreibung, Bedrohung der anderen. Foucault betont dabei, daß der moderne Rassismus nicht auf alten Formen des Hasses oder der Verachtung gegenüber anderen beruht oder auf ideologisch geschürten mythischen Feindschaften zwischen Staaten oder Klassen. *Die Besonderheit des modernen Rassismus ist nicht an Mentalitäten, nicht an Ideologien und Lügen der Macht gebunden. Sie ist an die Technik der Macht, an ihre Technologie gebunden.*[245] Im Anschluß an diese Skizze der allgemeinen Züge des modernen Rassismus geht Foucault zu einigen Exemplifizierungen über. Wenn der moderne Rassismus dem modernen Machttypus als Lebensmacht, die auf Tötung nicht verzichtet, strukturell eingeschrieben ist, dann gilt a fortiori, daß alle modernen politischen Systeme auch rassistisch sind. Das aber hätte zur Folge, daß so verschiedene politische Ordnungen wie liberale Demokratie, sozialistischer Totalitarismus, Faschismus und Nationalsozialismus den beschriebenen Rassismus gemeinsam haben. Diese Konsequenz hat 1997 irritierend gewirkt.[246] Foucault unterscheidet zwar – vermutlich im Rückgriff auf den nicht erwähnten Paul Virilio[247] – zwischen dem nicht nur rassistischen und mörderischen, sondern auch selbstmörderischen Nationalsozialismus einer- und dem Sozialismus bzw. Kapitalismus andererseits. Zugleich betont er, der Rassismus sei *effektiv in das Funktionieren aller Staaten eingeschrieben*[248]. Seine abschließende Frage betrifft daher nicht vergangene, sondern gegenwärtige Entwicklungen und Möglichkeiten: *Wie läßt sich eine Bio-Macht funktionstüchtig erhalten und wie lassen sich gleichzeitig das Recht des Krieges, des Mordens und die Todesfunktion ausüben, wenn nicht durch den Rassismus? Eben das war das Problem, und ich denke, daß dies immer noch das Problem ist.*[249]

Michel Foucaults Weg von einer Mikrophysik der Macht als Disziplinierungspraktiken, die in der Neuzeit die öffentliche Grausamkeit von Exekutionen ersetzten, zu einer Makrophysik der Macht bildet einen Klärungsprozeß, in welchem Foucault auch einiges von seinem Favoriten Nietzsche opfert. Es fehlt jetzt die Betonung jener an keiner Stelle wirksam demonstrierten These Foucaults vom Kampf aller gegen alle. Daß sich alle mit allen im Kriegszustand befinden, war von Thomas Hobbes als hypothetische Beschreibung eines vorstaatlichen Naturzustands eingeführt worden, und Nietzsche hatte versucht, auch den Gesellschaftszustand so zu beschreiben, daß alle mit allen um Macht kämpfen. Die Gouvernementalität beruht dagegen auf dem Konzept der sozialen Fürsorge. In ihr haben weder der Krieg aller gegen alle noch auch eine *Überbewertung des Staates* Platz, die  diesen zum Beispiel mit einem *Lyrismus des kalten Ungeheuers* beschwört. Damit verabschiedet sich Foucault ohne Namensnennung von einer weiteren Lieblingsvorstellung Nietzsches.[250] Foucault erblickt einen Bruch, wonach im 18. Jahrhundert die von Machiavelli begründete *Souveränität* des Staates von der *Gouvernementalität* abgelöst wird. *Ich meine, wir haben hier einen wichtigen Bruch: Während sich der Zweck der Souveränität in ihr selbst*

Thomas Hobbes.
Gemälde von John
Michael Wright,
um 1669/70.
London, National
Portrait Gallery

*findet und sie ihre Instrumente aus sich selbst heraus in Form des
Gesetzes bildet, liegt der Zweck der Regierung (le gouvernement) in
dem, was sie lenkt. Er muß in der Perfektion, der Maximalisierung
oder der Intensivierung der Prozesse gesucht werden, die sie leitet.*[251]

In einem Interview faßt Foucault 1984 zusammen, daß erst die
als Gouvernementalität begriffene Macht die angemessen ge-
dachte Macht ergebe. Sie sei es auch, die auf Selbstbezug und damit zugleich auf Ethik verweise: *Wenn man versucht, die Macht
nicht von der Freiheit, den Strategien und der Gouvernementalität
aus zu analysieren, sondern von der politischen Institution her,
dann läßt sich das Subjekt bloß als Rechtssubjekt ins Auge fassen.
[...] Ich glaube, daß im Gegenzug der Begriff der Gouvernementalität erlaubt, die Freiheit des Subjekts zu bewerten und zugleich den
Bezug zu anderen, das heißt dasjenige, was die Materie der Ethik
selbst konstituiert.*[252]

Michel Foucaults Darstellung von Verhaltensformen, die durch bestrafende Interventionen hervorgebracht werden, erinnert auch an die in der Psychologie besonders einflußreiche Richtung des Behaviorismus. Es ist unwahrscheinlich, daß der als Psychologe ausgebildete und Psychologie lehrende Foucault den Behaviorismus – insbesondere den «radikalen Behaviorismus» B. F. Skinners, der von einer heftigen Ablehnung jeglichen Strafverhaltens geprägt ist – nicht gekannt hat. Vielleicht bieten die Schriften Skinners eine weitere, bislang noch nicht berücksichtigte Quelle dafür, daß Foucault neuzeitliche Verhaltensformen als Resultate von Straf- und Kontrollpraktiken rekonstruiert. Auch seine sprachtheoretischen Überlegungen schließen nicht aus, daß er an Skinners Konzept von Sprache als umweltkontrolliertes Geschehen anschließt. Die große Gelegenheit zu einer Klärung hätte sich geboten, als Foucault und Noam Chomsky 1971 im holländischen Fernsehen u. a. über den Behaviorismus diskutieren sollten. Obwohl der Moderator F. Elders ausdrücklich von einem Behaviorismus Foucaults spricht, kommt es darüber zu keinem Dialog zwischen Chomsky und Foucault.[253]

Michel Foucault mit Noam Chomsky (rechts) bei einer Fernsehdiskussion in Holland, 1971

# Politische Aktivitäten

Bevor Foucault den Schritt von der Macht zur Gouvernementalität vollzog, hat er vergeblich versucht, die These vom Kampf aller gegen alle theoretisch zu belegen. In der Praxis dagegen gab es eine Reihe von Kämpfen, an denen er maßgeblich mitgewirkt hat. So resultiert *Überwachen und Strafen* nicht nur aus der Arbeit in Archiven, sondern auch aus einem von ihm organisierten Kampf gegen die Praxis des Strafvollzugs in Frankreich. Dieser Kampf beginnt in der Kapelle Saint-Bernard im Viertel Montparnasse: *Niemand von uns ist davor gefeit, dem Gefängnis zu entkommen. Heute weniger als jemals*, erklärt dort Foucault am 8. Februar 1971.[254] Es wird eine «Informationsgruppe über die Gefängnisse» gegründet, ebenso eine Zeitschrift mit dem Titel «Unerträglich» («Intolérable»). Auf der Rückseite der ersten Nummer ist vermerkt:

«Unerträglich sind:
die Gerichte
die Bullen
die Krankenhäuser, die Irrenanstalten,
die Schule, der Wehrdienst,
die Presse, das Fernsehen,
der Staat.»[255]

Ein Votum für Anarchismus, eine Kampfansage an die öffentlichen Institutionen, an den Staat und an die Komplizenschaft der Medien mit dem Staat. «Gefängnis» erscheint nicht auf der Liste der Unerträglichkeiten. Aber um die Gefängnisse und die Gefangenen wird es gehen. Die Aktivisten der Bewegung sind – wie Foucaults Lebensgefährte Daniel Defert – Maoisten. Aktionsko-

Michel Foucault und Jean Genet bei einer Demonstration
gegen den Rassismus, 1972

Foucault bei einer Demonstration von Einwanderern, 1973

mitees zur Aufklärung über die Lage in den Gefängnissen entstehen, in Haftanstalten wird es unruhig, von November 1971 an brechen Revolten aus, und im Dezember 1971 brennt das Ney-Gefängnis in Toul und wird von der Polizei gestürmt. Die Gefängnispsychiaterin Edith Rose schreibt einen Bericht an das Justizministerium und spricht in Toul. Foucault hält selbst eine Rede in Toul: *Was hat sie gesagt? Viele Dinge, die man ahnte und jetzt weiß: daß Menschen tagelang an Füßen und Fäusten ans Bett gefesselt werden; daß es beinahe jede Nacht Selbstmordversuche gibt; daß zwischen Strafen und Beruhigungsmitteln, Züchtigungen und Injektionen regelmäßig abgewechselt wird (o beruhigende Moral des Tranquilizers!); daß Autodiebe in lebenslängliche Delinquenten umgewandelt werden. [...] Man sollte auf genau das achten, was Frau Rose erzählt. Was verbirgt sich in den einfachen Tatsachen – oder vielmehr: was kommt darin ans Tageslicht? Die Böswilligkeit des einen oder die Unregelmäßigkeit des anderen? Kaum. Sondern die Gewaltsamkeit der Machtverhältnisse. Die Gesellschaft tut alles, um die Blicke aller von allen Ereignissen abzulenken, welche die wahren Machtverhältnisse verraten.*[256]

Foucault erlebt am 1. Mai 1971, was Sartre sich vergeblich gewünscht hatte: die Festnahme. Gegenüber «Le Monde» stellt er fest: *Auf der Wache, wohin ich mit meiner Gruppe gebracht wurde, hat uns ein Polizist – nachdem er bemerkt hatte, daß einige unserer Namen nicht französisch klangen – gefragt, wer von uns «wirklich gallische Namen trage». Einige Minuten später imitierte er einen Revolverschützen und rief «Heil Hitler!». Schließlich hat mich ein anderer Polizist in den Rücken gestoßen, als ich das Kommissariat verließ und schon auf der Straße war.*[257] Foucault erstattet Strafanzeige wegen illegaler Festnahme, Verletzung des Freiheitsrechts, öffentliche Beleidigung und leichte, absichtliche Körperverletzung.

Nach einem brutalen Eingreifen der Polizei bei Gefängnisunruhen in Nancy wollen Foucault, Deleuze, Defert und Sartre am 18. Juni 1971 vor dem Justizministerium eine Pressekonferenz abhalten. Sicherheitskräfte drängen sie ab. Die Gefängnisinsassen bilden unterdessen ihre eigene Organisation, das «Aktionskomitee der Gefangenen». Ihr Wortführer ist Serge Livrozet, Verfasser von «Vom Gefängnis zur Revolte». Foucault bemerkt in seinem Vorwort, das Buch sei *der individuelle und starke Ausdruck einer gewissen Erfahrung und eines gewissen volksbezogenen Denkens über Gesetz und Ungesetzlichkeit. Eine Philosophie des Volkes.*[258] Derselbe Livrozet bemerkt 1974: «Die Spezialisten der Analyse gehen uns auf die Nerven, ich brauche niemanden, um das Wort zu ergreifen und zu erklären, was ich bin.» Im Dezember 1972 beschloß die «Informationsgruppe über die Gefängnisse» ihre Auflösung, und Foucault hatte, wie Deleuze berichtet, das Gefühl, diese Aktivitäten hätten zu nichts geführt.[259]

Das zweite große politische Engagement Foucaults gilt der iranisch-fundamentalistischen Revolution gegen den Schah. Im August 1971 lernt Foucault Thierry Mignon, den Anwalt der iranischen Oppositionellen, kennen. Zusammen mit Jean Genet denkt er an eine Kritik des Schah-Regimes. Aktiv wird Foucault jedoch erst sieben Jahre später, nämlich während der iranischen Revolution. Im September und im November 1978 reist er in den Iran, um für den «Corriere della Sera» «Ideenreportagen» über die iranische Revolution zu verfassen. Er lernt die gemäßigten Oppositionellen Mehdi Bazargan und Abol-Hassan Banisadr kennen, trifft jedoch nicht mit dem Ajatollah Khomeini zusammen. Wegen seiner Unterstützung der iranischen Revolution entstanden Foucault im Oktober 1981 Schwierigkeiten, ein Visum für die USA zu erhalten. Die Amerikaner glaubten, Foucault habe Khomeini während seines Exils in Frankreich beherbergt.

Die iranische Revolution vollzieht sich innerhalb eines Jahres von Anfang 1978 bis Anfang 1979. Trotz blutiger Einsätze der Armee verläßt der Schah das Land im Januar 1979, und Khomeini, der zuerst in den Irak, dann nach Frankreich ins Exil gegangen war, kehrt im Triumph nach Teheran zurück. Im März 1979 entscheidet sich die iranische Wählerschaft in einem Referendum für eine islamische Republik. Inzwischen haben paramilitärische Khomeini-Kommandos mit der Exekution von Oppositionellen begonnen. Foucault engagiert sich von September 1978 bis Mai 1979 für die Sache der iranisch-islamischen Revolution. Im Hintergrund stehen seine Auffassung von Gouvernementalität und Subjektivität. In «Le Monde» vom 11./12. Mai 1979 bemerkt Foucault abschließend über den Iran: *Man erhebt sich, das ist eine Tatsache; und dadurch wird die Subjektivität – nicht die der großen Männer, sondern die von beliebigen Menschen – in die Ge-*

Alain Jubert, Claude Mauriac, Michel Foucault, Jean-Paul Sartre, Michèle Vian, Gilles Deleuze und Daniel Defert (von links) bei dem Versuch, im Justizministerium eine Pressekonferenz abzuhalten

*schichte eingeführt und verleiht ihr ihren Atem.*[260] Foucault weicht radikal von zwei Auffassungen westlicher Iran-Beurteiler ab: von der Auffassung, die Revolution sei Ergebnis einer Modernisierungskrise und von der Ansicht, der Ruf nach einer islamischen Republik sei Fanatismus. Die Modernisierung sei dem Iran bereits vor sechzig Jahren aufgezwungen worden, es handele sich somit um *eine Modernisierung, die in sich selbst ein Archaismus ist. [...] Was hier im Iran alt ist, ist der Schah [...]. Der heutige Archaismus ist sein Modernisierungsprojekt, seine Despotenwaffen, sein Korruptionssystem.*[261] Diese Sätze stammen aus einer Reportage, die in persischer Übersetzung auch an die Mauern der Universität von Teheran geklebt wurden.

Am anstößigsten wirkte auf die Linke in Frankreich und Italien Foucaults Betonung der Spiritualität der iranischen Revolution. Der Gedanke einer *islamischen Regierung [...] hat mich auch als Versuch beeindruckt, in der Politik eine spirituelle Dimension zu öffnen*[262]. Foucault versucht hierbei einen Rückgriff auf die spirituelle Geschichte Persiens: *In der Morgenröte der Geschichte hat*

*Persien den Staat erfunden, und es hat seine Kenntnisse dem Islam anvertraut: Seine Verwalter waren Beamte des Kalifats. Aus demselben Islam jedoch hat Persien eine Religion abgeleitet, die seinem Volk unendliche Ressourcen gegeben hat, um der Staatsmacht Widerstand zu leisten. [...] Welch eine Sinnchance für die Menschen, die es bewohnen, selbst um den Preis ihres Lebens jene Sache zu suchen, deren Möglichkeit wir seit der Renaissance und den großen Krisen des Christentums vergessen haben: eine p o l i t i s c h e  S p i r i - t u a l i t ä t . Ich höre schon Franzosen, die lachen, aber ich weiß, daß sie unrecht haben.*[263] Und gegen den Satz von Marx, Religion sei Opium fürs Volk, bemerkt Foucault gesprächsweise, *daß der Islam [...] 1978 genau deshalb nicht das Opium des Volkes gewesen [ist], weil er Geist in einer geistlosen Welt gewesen ist*[264].

Foucault hat sich – trotz der für Frankreich so folgenreichen Entkolonialisierung in Indochina und Algerien – in seinen Untersuchungen zur Macht nicht nachhaltig zum Thema des Kolonialismus geäußert. Seine Machtkritik bleibt europabezogen, und seine Fehleinschätzung des iranischen Fundamentalismus beruht im wesentlichen auf europäischen Kategorien, die den «Orient» erst erzeugen.[265] In seinen 1976 gehaltenen Vorlesungen am Collège de France unter dem Titel *«Il faut défendre la société»* findet sich zu der Vorlesung vom 4. Februar gleichwohl eine aufschlußreiche Bemerkung. Die kolonialistische Praxis der Europäer, so Foucault, habe auf die Mutterländer zurückgewirkt und so einen *inneren Kolonialismus* erzeugt: *Es hat eine ganze Serie kolonialer Modelle gegeben, die in den Westen zurücktransportiert wurden. Dadurch konnte der Westen eine Art Kolonisierung, einen inneren Kolonialismus, auf sich selbst anwenden.*[266]

Ende März 1979 protestiert der neue Ministerpräsident Mehdi Bazargan gegen die Exekutionen von Oppositionellen, und auch Foucault gemahnt in einem offenen Brief an Bazargan Mitte April an die *Menschenrechte* und betont – mit seiner Auffassung von Gouvernementalität im Hintergrund – die Verpflichtung der Regierung: *Die Tatsache, akzeptiert, erwünscht, durch Plebiszit bestätigt zu sein, schwächt die Pflichten einer Regierung nicht: Sie legt strengere auf.*[267]

Michel Foucaults Interesse für Religion beschränkt sich nicht auf den Islam. 1978 führt er auch Gespräche über christliche und bud-

Michel Foucault mit Daniel Defert in einem japanischen
Zen-Tempel, 1978

dhistische Mystik mit buddhistischen Priestern in einem japanischen Zen-Tempel. Nach seiner Einschätzung der Zukunft Japans
gefragt, äußert sich Foucault grundsätzlich über sein Verständnis
des Intellektuellen: *Ich meine, daß die Rolle der Intellektuellen in
Wirklichkeit absolut nicht darin besteht, den Propheten oder den Ge-
setzgeber zu spielen. Seit zweitausend Jahren haben die Philosophen
davon gesprochen, und es endete immer tragisch. Wichtig ist, daß
die Philosophen über das sprechen, was sich aktuell vollzieht, nicht
jedoch über das, was geschehen könnte.*[268] Sein Engagement für
den iranisch-islamischen Fundamentalismus zusammenfassend,

Michel Foucault, fotografiert von dem Romancier Hervé Guibert

schreibt er 1979: *Ich bin ein Intellektueller, [...] meine theoretische Moral [...]: einige Schritte hinter der Politik wachsam sein und auf das aufpassen, wodurch sie bedingungslos begrenzt werden muß.*[269] In einem Interview mit «Le Monde», das bis zu Foucaults Tod anonym blieb, versucht er 1980, dem Umkreis von Erwartungen und Schuldzuweisungen zu entkommen, der mit dem Wort «Intellektueller» verbunden ist: *Das Wort Intellektueller scheint mir ein seltsames Wort zu sein. Intellektuelle – ich habe niemals welche getroffen. [...] Ich habe indessen viele Leute getroffen, die über den Intel-*

*lektuellen reden. Und durch vieles Zuhören konnte ich mir ein Bild davon machen, was dieses Lebewesen sein mag. Das ist nicht schwer, es ist der, der schuld hat.*[270]

Neben seinem Engagement für die islamisch-iranische Revolution hat Foucaults Zeitgenossen vor allem seine ausdrückliche Unterstützung jener «Nouveaux philosophes» irritiert, die dem Marxismus abgeschworen hatten. Autoren wie André Glucksmann oder Bernard-Henri Lévy suchten den Anschluß an Begriffe Foucaults. Gilles Deleuze hielt ihnen philosophische Oberflächlichkeit vor, und Louis Althusser spricht in seiner Autobiographie von ihren «ultraterroristischen Gleichungen», in denen «Marxismus = Gulag, Kommunismus = Mord und Philosophie = Wahnsinn» bedeute.[271] Foucault dagegen veröffentlicht 1977 eine mehr als wohlwollende Besprechung von Glucksmanns «Les Maîtres penseurs» («Die Meisterdenker»). Es gehe Glucksmann darum, den philosophischen Gedanken *mit der Nase in das Blut zu stoßen, das er von sich weist, an dem er schuldlos sein will und das er rechtfertigt*[272].

Aber Foucault selbst schloß sich keiner antimarxistischen Gruppierung an. Er hat sich jedoch nachdrücklich mit Gegnern Francos in Spanien, den «Black Panthers» in den USA, der Solidarność-Bewegung in Polen solidarisiert und gegen die Diskriminierungen Peter Brückners und Klaus Croissants in Deutschland protestiert. 1981 hat er in Genf einen Text verlesen, der seine politischen Erfahrungen und Ansichten zusammenfaßt und als eine Art Men-

Michel Foucault mit Simone Signoret und Bernard Kouchner
in Auschwitz, 1982

schenrechtserklärung gedacht war: *1. Es gibt eine internationale
Staatsbürgerschaft, die ihre Rechte und Pflichten hat und dazu verpflichtet, sich gegen jeden Machtmißbrauch zu erheben, gleichgültig
wer der Urheber oder wer die Opfer sind. Alles in allem sind wir alle
Regierte und als solche solidarisch. 2. Weil sie vorgeben, sich mit dem
Glück der Gesellschaften zu befassen, maßen sich die Regierungen
das Recht an, das Unglück der Menschen als Gewinn oder Verlust
zu rechnen, das ihre Entscheidungen hervorruft oder das ihre Nach-
lässigkeiten erlaubt. Es ist eine Pflicht dieser internationalen Staatsbürgerschaft, für die Augen und Ohren der Regierungen das Unglück der Menschen zu bewerten, von dem nicht wahr ist, daß sie
dafür nicht verantwortlich sind. Das Unglück der Menschen darf niemals ein stummer Rest der Politik sein. Es begründet ein absolutes
Recht, sich zu erheben und sich an diejenigen zu wenden, die die*

*Macht innehaben. 3. Zurückgewiesen werden muß die Aufgaben-verteilung, die man uns sehr häufig vorschlägt: Die Individuen sol-len sich entrüsten und sprechen, die Regierungen sollen nachdenken und handeln. Es stimmt, die guten Regierungen lieben die heilige Entrüstung der Regierten, sofern sie lyrisch bleibt. Ich denke, daß man sich klarmachen muß, daß es die Regierungen sind, die reden, bloß reden können und bloß reden wollen. Die Erfahrung zeigt, daß man die theatralische Rolle der reinen und einfachen Entrüstung, die man uns vorschlägt, ablehnen kann und ablehnen soll. Amnesty in-ternational, Terre des hommes, Médecins du monde sind Initiativen, die dieses neue Recht geschaffen haben: Privatpersonen greifen wirk-sam in die Ordnung der internationalen Politik und Strategie ein. Der Wille der einzelnen muß sich in eine Wirklichkeit einschreiben, deren Monopol sich die Regierungen haben reservieren wollen. Die-ses Monopol muß nach und nach und täglich unmöglich gemacht werden.*[273]

Im März 1977 erschien in Moskau eine russische Übersetzung von *Die Ordnung der Dinge*, die rasch zu einer Verbreitung dieses Buches im Ostblock führte. Foucault war damit bereits Ende der siebziger Jahre in allen intellektuellen Zentren des Globus be-kannt. Seine Freunde und Bekannten waren Intellektuelle und Künstler wie Claude Mauriac, Katharina von Bülow, Gilles De-leuze, Paul Veyne, Jürgen Habermas, Richard Sennett, Pierre Bourdieu, Ives Montand, Simone Signoret, Pierre Boulez, Hervé Guibert. Der 1981 beginnenden Ära des sozialistischen Präsiden-ten Mitterrand begegnete er mit Distanz. Im März 1981 lehnte er es ab, den Wahlkampf Mitterrands zu unterstützen. Ein Intellek-tueller, so Foucault, sei nicht dazu da, das Wählerbewußtsein zu leiten. Am 14. September 1982 war er gemeinsam mit anderen, darunter auch der von ihm nicht sehr geschätzten Simone de Beauvoir, von Mitterrand zum Essen eingeladen. Er unterhielt sich dabei mit dem Präsidenten über den Nahen Osten, behan-delte die Beauvoir mit eisiger Höflichkeit und bezweifelte später die ökonomische Kompetenz des Staatspräsidenten. Von einer ausschließlich reservierten bis ablehnenden Haltung Foucaults gegenüber der sozialistischen Regierung kann jedoch nicht ge-sprochen werden. Das jedenfalls zeigt 1983 seine Verbindung mit dem Justizminister Robert Badinter. Dieser hatte in einem Arti-

Michel Foucault und Jean-Paul Sartre bei einer Demonstration
für Einwanderer im Pariser Stadtteil Goutte d'Or, 1972

kel Foucaults *Überwachen und Strafen* kritisiert. Nach anfäng-
lichem Protest Foucaults gegen diesen Artikel kommt es zwischen
dem Justizminister und Foucault zu vorläufigen Überlegungen,
ein Forschungszentrum für Rechtsphilosophie zu gründen.

# Homosexualität und Ethik

Im April und Mai 1975 reist Foucault zum erstenmal nach Kalifornien. Er entdeckt dort neue Möglichkeiten eines lustorientierten Lebens: Drogen, anonyme und sadomasochistische homoerotische Sexualität sowie Formen kleiner Gemeinschaften (neben den Schwulengruppen: Zen, Feministinnen, Vegetarier). Seine eigene Erfahrung mit dem Konsum von LSD bedeutet für ihn *Bruch mit der Physik der Macht*[274].

Die biographischen Versuche über Foucault lassen einige Fragen offen: Hat Foucault durch sadomasochistische Praktiken in San Francisco das Risiko des eigenen Todes auf sich genommen oder gar gesucht? War die Freiheit des Individuums oder des Selbst, für die er sich einsetzte, eine Freiheit zum Tode? Oder bietet seine kalifornische Erfahrung eher die Wahrnehmung, daß Homosexualität nichts bloß Privates darstellt, sondern als ein Freiheitsrecht politisch erstreitbar ist? Die beiden Möglichkeiten schließen sich nicht gegenseitig aus.[275] Ein politisch verallgemeinertes Freiheitsrecht kann ein Recht auf die Planung des eigenen Todes einschließen, und diese kann als eigenes Recht gefordert werden. Es gibt Äußerungen, die sich als Belege für beides lesen lassen. San Francisco ist nicht nur der Ort einer besonders ausdifferenzierten Schwulenkultur, sondern ebenso der Ort der Durchsetzung der Homosexualität als Freiheitsrecht. Diese Durchsetzung war 1975 noch im Werden. Die Schwulen hatten damit begonnen, der Strategie von Harvey Milk zu folgen. Sie setzten jetzt nicht mehr auf Beeinflussung der liberalen Politiker wie bisher, sondern vertraten ihre politischen Interessen unmittelbar selbst. Harvey Milk und Bürgermeister George Moscone mußten ihren Einsatz 1978 mit dem Tod bezahlen: Sie wurden

Opfer eines politischen Mordes durch ein konservatives Mitglied des Stadtrates.

Im Hinblick auf Foucaults HIV-Erkrankung ergibt sich heute jedoch ein anderes Bild als Anfang der neunziger Jahre. Das AIDS-Syndrom wurde erstmalig 1981 beschrieben, und als durchschnittliche Entwicklungsdauer für das Auftreten klinischer Immundefekte werden heute mindestens zehn Jahre angenommen. Bei Foucault traten Immundefekte Ende 1983 auf. Daraus ergibt sich hypothetisch als ein möglicher Anhaltspunkt für eine HIV-Infektion das Jahr 1973. Foucault hielt sich in diesem Jahr nicht nur in Frankreich, sondern auch in Kanada, New York und Brasilien auf. In jedem Fall ist davon auszugehen, daß Foucault nicht in der Situation derer leben konnte, die seit Beginn der achtziger Jahre über die Risiken einer HIV-Infektion informiert sind. Die bekannten Risiken ungeschützten Geschlechtsverkehrs bestanden zu seiner Zeit in therapierbaren Geschlechtskrankheiten und – infolge mangelhafter staatlicher Aufklärung – nur bedingt in der Möglichkeit einer unter Umständen tödlichen Infektion mit dem Hepatitis-B-Virus.

Nach der ersten Kalifornienreise löst sich Foucault abrupt von seinem bisherigen historischen Horizont, dem der Neuzeit. Die griechische Spätantike und ihre römische Nachfolge rücken nunmehr in sein Blickfeld.

Beim Thema des Freitodes folgt Foucault der antiken Tradition jedoch ausdrücklich nicht. Unter den antiken Denkern hatten nur die Stoiker den Freitod für den Ausnahmefall äußerster Bedrängnis befürwortet. Zum Tod im allgemeinen hatte Epikur bemerkt, er gehe uns nichts an, denn wo er sei, sind wir nicht, und wo wir sind, da sei der Tod nicht. Dagegen wendet sich Foucault 1979 in einem Beitrag für die erste Nummer der Schwulenzeitschrift «Gai Pied»: *Es schien mir immer schon seltsam, wenn man sagte, über den Tod brauche man sich nicht zu sorgen, denn zwischen dem Leben und dem Nichts sei er selbst eigentlich nichts. Doch müßte nicht gerade dieses Wenige aufs Spiel gesetzt werden? Es müßte daraus etwas gemacht werden, und zwar etwas Gutes.*[276] Der Freitod dient Foucault als Beispiel dafür, wie das eigene Leben zu einem Kunstwerk werden könne, jedoch als Spezialfall eines Werks ohne Zuschauer. Foucault wendet sich hierbei indirekt auch gegen Michel

Michel Foucault an seinem Schreibtisch

de Montaigne, der das Philosophieren im 16. Jahrhundert als Lernen des Sterbens verstanden hatte. *Es sieht so aus, als ob für die menschliche Gattung das Leben vergänglich und der Tod gewiß ist. Warum muß man aus dieser Gewißheit nun einen Zufall machen, der durch sein plötzliches und unvermeidliches Eintreten die Züge einer Bestrafung annimmt? Die Weisheiten, die versprechen, das Sterben zu lehren, und die Philosophien, die angeben, wie man davon zu denken hat, nerven mich ein wenig. Was uns angeblich «darauf vorbereitet», bleibt mir gleichgültig. Man muß es vorbereiten und arrangieren, es Stück für Stück fabrizieren und berechnen, am besten schon seine Ingredienzen finden, es sich vorstellen, auswählen und Rat einholen, man muß daran arbeiten, um daraus ein Werk ohne Zuschauer machen zu können, ein Werk, das allein für mich da ist und gerade so lange wie die kleinste Sekunde des Lebens dauert. Sicher, die Überlebenden sehen rings um den Selbstmord nur jämmerliche Spuren von Einsamkeit und Ungeschicklich-*

*keit, Rufe ohne Antwort. Sie kommen nicht umhin, die Frage nach dem «Warum?» zu stellen. Dabei sollte man gerade diese Frage in bezug auf den Selbstmord nicht stellen. «Warum?» «Ja ganz einfach deshalb, weil ich es gewollt habe.»* [277] Diese Äußerung wirkt kaum wie ein Zeugnis einer eigenen Suizidgefährdung wie 1948 und 1950. Der Freitod ist Inhalt von Reflexionen über Vollzüge des Selbstbezuges geworden. Allerdings kann nicht ausgeschlossen werden, daß Foucault hier nicht nur über die Pläne anderer, sondern auch über eigene Möglichkeiten und Absichten spricht.

Über das politisch zu erstreitende Recht auf die Art der eigenen Sexualität hat sich Foucault bereits 1974 unmittelbar vor seiner kalifornischen Erfahrung geäußert. Wenn ein Pariser Gericht versuche, Félix Guattari – bekannt durch seine gemeinsame Autorschaft mit Gilles Deleuze – wegen Pornographie im Zusammenhang mit der Darstellung von Homosexualität zu verklagen, so gehe es in Wirklichkeit nicht um Pornographie, sondern um etwas anderes: *Werden der Homosexualität als sexueller Praktik dieselben Ausdrucksmittel und Ausübungen zugestanden werden wie der sogenannten normalen Sexualität – ja oder nein? [...] Trifft es zu, daß die Sexualität, die Forderung sexueller Rechte, die Möglichkeit, die Sexualität zu praktizieren, die man will, ein politisches Recht konstituieren? [...] Was jetzt in Frage gestellt wird, ist: Wird man seinen eigenen Körper und ebenfalls den Körper der anderen – mit allen darin enthaltenen Bezügen – für etwas anderes gewinnen können als für jenen Gebrauch zum Zweck der Arbeitskraft – ja oder nein? Es ist dieser Kampf für den Körper, der aus der Sexualität ein politisches Problem macht. Es ist verständlich, daß unter diesen Bedingungen die sogenannte normale Sexualität (das heißt die Arbeitskraft reproduzierende) sich als normativ zeigen will, und zwar mit allem, was dies als Zurückweisung der anderen Sexualitäten und auch der Unterwerfung der Frau voraussetzt. Und es ist gleichfalls völlig normal, daß man in der politischen Bewegung, die die Wiedererlangung des Körpers anstrebt, Bewegungen für die Befreiung der Frau sowie für die männliche oder weibliche Homosexualität findet.* [278]

Warum jedoch die *sehr brüske* Wendung weg von der Moderne und hin zur Antike? *Ich gebe zu, ich will das eigentlich gar nicht wissen*, antwortet Foucault 1984. [279] Oder allgemeiner 1982: *Ich liebe es, erste Bände zu schreiben, und ich hasse es, am zweiten zu arbeiten.*[280] 1964 hatte er allerdings bereits von *zahllosen Zeichen dafür* gesprochen, *daß unser Weg ein Rückweg ist und wir immer griechischer werden*[281]. Überaus allgemein heißt es in den einleitenden Bemerkungen zu *Der Gebrauch der Lüste*: *Es ging darum zu wissen, in welchem Maße die Arbeit, seine eigene Geschichte zu denken, das Denken davon befreien kann, was es im Stillen denkt, und inwieweit sie es ihm ermöglichen kann, anders zu denken.*[282] Genaueres erfahren wir aus zwei späten Interviews. Es gehe darum, *so zu handeln, daß das europäische Denken neu beginnen kann vom griechischen Denken aus, das eine einmal gegebene Erfahrung darstellt, der gegenüber man vollständig frei sein kann*[283]. Oder: *Bei den Griechen – und das trifft nicht nur auf die klassische Epoche zu – war das sexuelle Verhalten nicht durch einen Kodex geregelt. Kein ziviles, religiöses oder «natürliches» Gesetz schrieb vor, was man zu tun und zu lassen hatte. Und gleichwohl war die sexuelle Ethik anspruchsvoll, komplex und vielgestaltig. Allerdings so wie es eine téchne, eine Kunst sein kann – eine Lebenskunst, verstanden als Sorge um sich selbst und sein Leben.*[284]

In seinen Berkeley-Vorlesungen von 1983 über die Freimütigkeit beim Aussprechen der Wahrheit (gr. parrhesía) geht Foucault einem anderen Thema der griechischen Antike nach, nämlich der Frage: *Worin besteht für das Individuum und die Gesellschaft die Bedeutung, wahr zu sprechen, die Wahrheit zu wissen und Leute zu haben, die die Wahrheit sprechen, und ebenso zu wissen, wie man diese erkennt?*[285] Wenn man sich damit beschäftigt *zu wissen, wer in der Lage ist, die Wahrheit zu sprechen, und warum wir die Wahrheit sprechen sollten, haben wir die Wurzeln dessen, was wir die «kritische» Tradition im Westen nennen könnten. Und hier werden Sie eines meiner Ziele in diesem Seminar erkennen, nämlich eine Genealogie der kritischen Haltung in der westlichen Philosophie herauszuarbeiten.*[286]

Gilles Deleuze hat von einer «inneren Ruhe» («sérénité») der letzten Bücher Foucaults gesprochen.[287] Foucault fehlt in seinen Studien zur antiken Sorge um sich selbst dasjenige, was seine gesamten Schriften bisher beseelt hatten: das Aufspüren von Gegnern und Feinden. Es fehlt der Kampf gegen jene absolutistische Willkür, die Nervenklinik und Gefängnis vereinen wollte. Es fehlt

Erotik auf einer griechischen Schale. Paris, Musée du Louvre

die Entlarvung der Anmaßungen des Humanismus. Es fehlt die Enthüllung der Komplizenschaft von Aufklärung und Disziplinarmacht. Foucaults «Gewalttätigkeit» («violence»), so Deleuze, sei beherrscht gewesen und Mut geworden, ähnlich wie bei Genet. Sein Stil sei «wie eine Peitsche».[288] Dementsprechend findet sich in den Äußerungen aus Foucaults letzter Phase nichts, was an jene Entlarvungen der politischen List, man solle frei über den Sex reden, erinnert: *Der Sex soll verborgen sein? Von neuen Schamhaftigkeiten verschleiert, von düsteren Forderungen der bürgerlichen Gesellschaft immer noch unter den Scheffel gestellt? Im Gegenteil, er ist lichterloh entflammt. Er steht seit mehreren Jahrhunderten im Zentrum einer ungeheuren Nachfrage nach Wissen.*[289]

In seiner letzten Lebensphase hat Foucault «Ethik» so umschrieben: *Die Art der Beziehung, die man zu sich selbst hat, der Selbstbezug, den ich Ethik nenne und der bestimmt, wie das Individuum sich als vermeintliches moralisches Subjekt der eigenen Handlungen konstituiert.*[290] Sein Werk stellt er in der Rückschau als dreifache «Genealogie» oder «historische Ontologie» dar: *Erstens eine historische Ontologie unserer selbst in bezug auf die Wahrheit, über die wir uns als Erkenntnissubjekte konstituieren.*

*Zweitens, eine historische Ontologie unserer selbst in bezug auf das Machtfeld, über das wir uns als Subjekte bestimmen, die auf andere einwirken. Drittens, eine historische Ontologie in bezug auf die Ethik, über die wir uns als moralisch Handelnde konstituieren.*[291]

Foucaults letzte Arbeiten werden von dem Paradox einer Spannung bestimmt: Er strebt von dem bisherigen Feld seiner Modernitätsanalysen fort zu der anderern, fernen Zeit der Römer und Griechen, und er artikuliert mehr als zuvor die eigene schwule Identität als politisch zu garantierendes Recht, als Vergesellschaftungsform der Freundschaft und gar als Motor der gesellschaftlichen Dynamik im ganzen. *Gewiß erscheint mir zumindest, daß [...] in den Vereinigten Staaten das Interesse an Freundschaften stark zugenommen hat. Man fängt nicht einfach Beziehungen an, um damit zum Sex-Konsum gelangen zu können, was sehr einfach ist, sondern die Leute konzentrieren sich gerade auf Freundschaften. Wie kann man über sexuelle Praktiken zu einer Beziehungsform gelangen? Ist es möglich, eine homosexuelle Lebensweise zu entwickeln?*[292] Es komme darauf an, *daß man darauf hinarbeiten muß, schwul (gay) zu sein, d. h. sich in eine Dimension zu versetzen, in der die sexuellen Entscheidungen, die man fällt, immer gegenwärtig sind und unser ganzes Leben beeinflussen. [...] Nicht schwul sein hieße dann fragen: «Wie kann ich die Auswirkungen meiner sexuellen Entscheidung so einschränken, daß sich mein Leben in keiner Weise ändert?» [...] Ich würde nun sagen, daß man seine Sexualität dazu verwenden soll, neue Beziehungsformen zu entdecken und zu erfinden. Schwul sein heißt im Werden sein.* Jedoch gelte, *daß man nicht homosexuell sein muß, sondern daß man darauf hinarbeiten muß, schwul zu sein*[293].

Eine wichtige Beobachtung Foucaults teilt uns in diesem Zusammenhang Louis Althusser mit. Althusser berichtet in seiner postum veröffentlichten Autobiographie, daß er zweimal von Foucault in einer jener psychiatrischen Kliniken besucht wurde, wohin er 1980 nach der «Erdrosselung» seiner Frau eingewiesen worden war. Foucault erwies sich auch in der Praxis als Freund, der seinen einstigen Lehrer an der École normale nicht jenem Vergessen überließ, das man üblicherweise mit ihm betrieb. Althusser berichtet nun, Foucault habe bemerkt, die Kirche habe einst die Liebe hochgehalten und gleichzeitig der Freundschaft stark mißtraut, die jedoch für antike Denker Zentrum der Ethik gewesen ist. Die Liebe – besonders wenn sie auf den Nächsten und auf alle Menschen ausgedehnt werde – sei ein Mittel gewesen, sich der Freundschaft zu entledigen, die im permanenten Verdacht der Homosexualität gestanden habe.[294]

Foucaults Homosexualität war privat, aber kaum öffentlich bekannt. Foucault selbst ist in der Öffentlichkeit, wenn die Rede darauf kam, der Frage nach seiner Sexualität ausgewichen. Auf die Fangfrage im Verlauf einer Radiosendung, ob er Kinder habe, gab er zur Antwort, er sei nicht verheiratet. Man hat ihm verschiedentlich vorgeworfen, er habe seine Homosexualität verborgen und sich ihrer geschämt. Sein Lebenspartner Daniel Defert hat jedoch der Ansicht widersprochen, Foucault habe sich seiner Homosexualität geschämt. Über seine Krankheit hat sich Foucault ebenfalls nicht öffentlich geäußert. Er arbeitete bis zu seiner Einweisung in die Klinik täglich in der Bibliothèque du Saulchoir. In seiner Umgebung gewann man den Eindruck, daß er ahnte, wie bedroht er war.

Für das Schaffen Foucaults läßt sich ein kleinster gemeinsamer Nenner bezeichnen: Foucault liefert Analysen der Moderne, die die Herkunft der «Subjektivität» aufklären, sofern damit zugleich Chancen für Weiterentfaltungen enthalten sind. Das wird bereits sichtbar, wenn die Geschichte des Umgangs mit Wahnsinnigen in die Forderung nach Verbindungen von Vernunft und Unvernunft mündet oder wenn das Bild vom Tod des Menschen zu neuen Möglichkeiten der Zivilisation jenseits des Humanismus führen soll. Dabei erzeugt seine – besonders im zweiten und dritten Band der *Geschichte der Sexualität* dokumentierte – Wende zur Antike den verhältnismäßig größten Kontrast zu seinen bisherigen Modernitätsanalysen: Je ausführlicher er auf eine in ferner, vormoderner Vergangenheit liegende Kultur zurückgeht, desto nachdrücklicher betont Foucault in Interviews den Bezug zu unseren Möglichkeiten von heute.

Unter dem Pseudonym Maurice Florence hat Foucault 1984 im «Dictionnaire des Philosophes» einen Artikel *Foucault* publiziert. Den Gegenstand seiner Untersuchungen bezeichnet er dort als *kritische Geschichte des Denkens*. Diese sei keine *Geschichte der*

*Ideen, die gleichzeitig eine Analyse der Irrtümer darstelle, die man nachträglich messen könne.* Vielmehr gehe es darum, den *Modus der «Subjektivierung»* des Subjekts zu bestimmen.[295] Damit wird noch einmal die Frage berührt, wie sich Foucault zur Philosophie Heideggers verhält. Heidegger hat die französischen Denker Merleau-Ponty, Sartre, Lacan, Ricœur, Derrida und Lévinas nachhaltig beeinflußt. Gilt dies auch für Foucault? Wie dargelegt, nutzt der junge Foucault Heideggers Fragment «Sein und Zeit» für Deutungen von Angst und Verhaltensstörung. In seinen Analysen der Moderne trifft er sich scheinbar mit Heidegger in der Distanzierung vom Humanismus und in der Kritik an der Subjektivität. Humanismus bildet für beide keinen Titel für eine Sinnressource, und Subjektivität ist für keinen von beiden etwas Ursprüngliches. Bei genauerem Hinschauen führen jedoch ihre Fragestellungen zu einander ausschließenden Positionen. Heidegger fragt nach der gesamten Geschichte des «Seins» und denkt die Geschichte der europäischen Philosophie als Vergessenheit des «Seins», die in eine Selbstermächtigung der vorstellenden «Subjektivität» mündet. Foucault fragt nicht hinter die europäische Geschichte zurück, sondern beschränkt sich auf Analyse von Ausschnitten. Seine Untersuchungen zur Antike gelten dabei Zeiten, Autoren und Themen (Techniken der Sorge um sich, Parrhesia), die zum Elementarbestand des europäischen Humanismus zählen.[296]

In dem Essay *Was ist Aufklärung?* von 1984 versucht er im Anschluß an Kant und an den französischen Dichter und Kritiker Charles Baudelaire eine *historische Ontologie unserer selbst* zu skizzieren.[297] Von Baudelaire nimmt Foucault dabei eine *Modernität,* in der es darum geht, daß der Mensch *sich selbst zu erfinden versucht*[298]. Kants Verständnis von Aufklärung als mündiges, von Autoritäten befreites Denken wird als *attitude de modernité*[299] bezeichnet und als Gleichzeitigkeit von *historischer Analyse der uns gesetzten Grenzen und Versuch ihrer möglichen Überschreitung* gewertet.[300] Auf diese Weise mündet Foucaults gesamtes Werk in eine abschließende Skizze seines eigenen Themas, der Modernitätsanalyse als Bedingung individueller Veränderungen, die jene *Programme* ersetzen, die *nur zu einer Rückkehr der gefährlichsten Traditionen geführt haben*[301].

Charles Baudelaire.
Foto von Nadar

Bei seiner Rückkehr aus Berkeley im November 1983 zeigen sich bei Foucault erste deutliche Anzeichen einer HIV-Infektion. Er schreibt jedoch an Maurice Pinguet im Januar 1984: *Ich glaubte, ich hätte AIDS, aber eine energische Therapie hat mich wieder auf die Beine gebracht.*[302] Diese Ansicht erwies sich als trügerisch. Foucault stirbt am 25. Juni 1984 in der Salpêtrière. Ein Kommuniqué der behandelnden Ärzte beschreibt dabei die klinischen Symptome der Krankheit AIDS und hebt hervor, daß «eine einschneidende Verschlechterung jede Hoffnung auf wirksame Therapie genommen habe». Dieses Kommuniqué widerspricht nicht nur jenen Legenden, wonach die Todesursache Foucaults vertuscht wurde, es widerspricht auch der französischen medizinischen Tradition, in der die Beschreibung von Todesursachen vertraulich bleibt.[303]

Michel Foucault,
zwei Monate vor
seinem Tod, April 1984

Michel Foucault arbeitete Tag für Tag acht Stunden und schrieb seine Bücher jeweils etwa in fünf Jahren. Nach der Endfassung tilgte er selbst die Zwischenstufen seines Schreibprozesses. In seinem Testament verbietet er mit der lapidaren Bemerkung *Keine postume Veröffentlichung*[304] jegliche Publikation der von ihm nicht veröffentlichten oder nicht öffentlich vorgetragenen Texte. Bisher hat man sich an diese Verfügung gehalten. Welche Stellung in seinem Gesamtwerk seine Bücher, seine Gelegenheitsäußerungen und seine Vorlesungen am Collège de France (deren Veröffentlichung erst 1997 einsetzte) und in Berkeley jeweils einnehmen, wird Resultat eines langen Interpretationsprozesses sein. Trotz der international bereits ausufernden Publikationen zu Foucault kann jedoch von ausgewogenen, Foucaults Äußerungen in einen größeren philosophischen Kontext stellenden Analysen bisher noch kaum die Rede sein. Die Wogen des Pro und Contra schlagen dafür immer noch zu hoch.

# Pro und contra Foucault

Vortragsreisen und Aufenthalte in den USA, Lateinamerika und Japan sorgten schon zu seinen Lebzeiten für eine Internationalisierung Foucaults. Als Kuriosum ist dabei zu vermerken, daß er nicht in Großbritannien gewesen ist. Sartre genoß eine breite internationale Popularität, Foucault dagegen war in den Intellektuellenkreisen in aller Welt bekannt. Maurice Clavel, wie Foucault ein ehemaliger Gaullist, feierte diesen Ende der sechziger Jahre als «neuen» Kant, und der Historiker Paul Veyne sprach 1973 von Foucault als dem Vollender der Historie.[305] Im ganzen gilt jedoch, daß Foucault keine «Schule» gegründet hat wie zum Beispiel Louis Althusser mit seiner Verbindung von Marxismus und Strukturalismus. Im Unterschied zu Althusser blieb ihm daher erspart, das Ende seiner Schule erleben zu müssen.

Gilles Deleuze zeichnet von Foucault das Bild eines «neuen Archivars» unseres Wissens. «Ein neuer Archivar ist in die Stadt berufen worden. Aber wurde er, strenggenommen, wirklich berufen? Handelt er nicht vielmehr in eigenem Auftrag? Gehässige Leute nennen ihn einen neuen Repräsentanten einer Technologie, einer strukturalen Technologie. Andere, die ihre Dummheit für geistreich halten, nennen ihn einen Handlanger Hitlers; oder sie behaupten wenigstens, daß er die Menschenrechte beleidige (man verzeiht ihm die Verkündigung des ‹Todes des Menschen› nicht). Andere nennen ihn einen Scharlatan, der sich auf keinen einzigen heiligen Text berufen könne und der fast nie einen großen Philosophen zitiere. Wieder andere aber denken, daß etwas Neues, etwas grundlegend Neues in der Philosophie entstanden ist und daß dieses Werk die Schönheit dessen besitzt, was es verwirft: ein strahlender Morgen.»[306] Mit diesem Panorama polemischer Äußerungen beginnt Deleuze seine Foucault-Monographie von 1986. Der Tenor der Urteile zeigt eine Aggressivität, die es in der Diskussion um Foucault nur in Frankreich gibt. Sie arbeitet mit einem Kontrast von überschwenglichem Lob und unmäßiger Beschimpfung. Foucault selbst pflegte diese Polarisierung; er konnte seinen Gegnern den Verstand absprechen oder einen Mitstreiter wie Deleuze in den Himmel der «philosophia perennis» heben, an die zwar Deleuze, nicht aber Foucault glaubte. *Eines Tages*, so Foucault 1970 über Deleuze, *wird das Jahrhundert vielleicht deleuzianisch sein.*[307] Deleuze revanchierte sich 1986 für dieses Lob: «Für mich bleibt er [Foucault] der gegenwärtig größte Denker.» Im Hinblick auf Bemerkungen Foucaults, wie zum Beispiel seine Abrechnung mit französischen Kritikern, die ihn dem Strukturalismus zurechneten, räumt Deleuze jedoch ein: «Es gibt eine Gewalttätigkeit (violence) Foucaults. Er besaß eine extreme, beherrschte Gewalttätigkeit. Er zitterte vor Gewaltausbrüchen bei gewissen Demonstrationen. Er nahm das Unerträgliche wahr. Das war vielleicht ein Zug, den er mit Genet gemeinsam hatte.»[308]

In Frankreich fehlte es nicht an Stimmen radikaler Ablehnung. Zu ihnen gehören Jean Baudrillard, Cornelius Castoriadis sowie Luc Ferry und Alain Renaut. Die weiteste Verbreitung fand dabei das Urteil, daß Foucaults Auflösung der Subjektivität in bloße Individualität die Basis von Intersubjektivität zerstöre.[309] Ferry und Renaut haben auch nicht gezögert, auf die Deleuze-Darstellung Foucaults zu antworten. Deleuzes Invektiven gegen Opponenten, so diese beiden, seien keine Argumente. Foucaults bzw. Deleuzes Verzicht auf Rechtsbegriffe bei der Analyse von Macht sei in der Sache verhängnisvoll. «Im Rahmen eines Vitalismus vom Typ Foucaults und heute von Deleuze ist schwer erkennbar, was jetzt noch jene kritische Funktion des Rechts begründen soll: Wenn alles der Geschichte (oder dem Leben) immanent ist, wie soll dann jene Unterscheidung zwischen Tatsachen und Werten garantiert werden, von der Leo Strauss gezeigt hat, daß ohne sie der Begriff des Rechts das Entscheidende seiner Bedeutung und Stellung verliert?»[310]

Schwer tut man sich in Frankreich mit jener Art der Überprüfung, die Foucault dringend nötig hat, nämlich mit einer empirisch-dokumentarischen. Foucault beansprucht historische Wahrheit über Entwicklungsprozesse der Moderne. Anhand von oft schwer zugänglichen Dokumenten arbeitet er die Geschichte der psychisch Gestörten, der medizinischen Diskurse im Wechsel vom 18. zum 19. Jahrhundert, der Geschichte der Theoriebildungen, der Disziplinarpraktiken, der Vorgeschichte des modernen Rassismus heraus. Vor allem in den USA und früh in Deutschland ist man seinen historischen Analysen kritisch nachgegangen.[311] Diese Art der Kritik ist notwendig, weil sie nicht nur die kulturkritischen Folgerungen Foucaults besser einschätzen hilft, sondern auch weil sie der Geschichte der Wissenschaften und der Wissenschaftstheorie zugleich neue Impulse verleihen kann.

Unter den französischen Soziologen hat Pierre Bourdieu die scharfsinnige Kritik an Foucault formuliert: Foucault verkenne vollständig, daß die «kulturelle Ordnung» – die Foucault bekanntlich *epistéme* nennt – «von Akteuren und Institutionen» bestimmt werde, «die sie aktiv werden lassen und ihr zum Dasein verhelfen». Sehe man davon jedoch mit Foucault ab, dann bleibe bloß eine «abstrakte und idealistische» Auffassung von Kultur und Geschichte übrig. Kultur und Geschichte ohne Akteure und Institutionen, so Bourdieu weiter, müssen dann nämlich wieder eine Darstellung annehmen, wie sie einst Hegel vorlegte: Geschichte beruht in diesem Fall auf einer geheimnisvollen, durch interne Widersprüche bestimmten Selbstbewegung. Foucault sei am Ende genötigt, von Hegel diese Selbstbewegung und die Annahme kultureller und gesellschaftlicher Einheiten von Epochen zu übernehmen.[312]

Gegen Foucault wird von philosophischer Seite in Nordamerika und in Deutschland in verschiedenen Variationen ein und derselbe Einwand vorgebracht: Weder könne ein sozialer Gegenstand existieren, der nur aus Macht und Machtkämpfen bestehe, noch sei es möglich, für diesen Gegenstand eine Methode zu finden, die ihm eine angemessene Erkenntnis sichert. Richard Rorty urteilt hierbei, Foucault begehe einen der Fehler des Anarchismus und verwechsle den Staatsbürgerstatus mit privater Autonomie. Der kanadische Philosoph Charles Taylor sieht in Foucault einen gefährlichen Vereinfacher, der bei seinen Machtanalysen die Errungenschaften des bürgerlichen Humanismus ausblende.

Foucault habe, so die amerikanische Philosophin Nancy Fraser, keine wirklich normative Alternative zu dem von ihm abgelehnten Humanismus vorgelegt, sondern sich in eine widersprüchliche Bejahung und Verneinung allgegenwärtiger Macht verrannt. Jürgen Habermas betont, daß eine Annahme, wonach alles Wissen auf Macht beruhe, die Wissenschaftlichkeit der eigenen Forschungen zerstöre. Foucault gerate – das betont neben Habermas vor allem auch dessen Schüler Axel Honneth – außerdem mit dem historischen Faktum in Schwierigkeiten, daß Macht ja immer auch eine Stetigkeit in Form von Institutionen erlangt habe.[313] Habermas hält Foucaults Kritik der Humanwissenschaften für berechtigt. Er ist jedoch zugleich der Ansicht, daß Foucaults Analysen zur Macht nur scheinbar ohne normative Annahmen auskommen.[314]

Axel Honneth gehört zu den wenigen, denen Foucaults Nähe zum Verfahren des operanten Konditionierens des Behaviorismus aufgefallen ist. Er wertet dies als Negativposten und spielt Theodor W. Adorno gegen Foucault aus: «[...] in einer eigentümlichen Beerbung seiner strukturalistischen Anfänge setzt Foucault, sobald er seiner Machttheorie die Gestalt historischer Untersuchungen gibt, die Subjekte behavioristisch als gestaltlose, konditionierbare Wesen voraus. Bei Adorno aber stellte es sich anders dar: [...] Adorno begreift das, was Foucault in der historischen Anwendung seiner Machttheorie gleichsam ontologisch vorauszusetzen scheint, nämlich die Konditionierbarkeit der Subjekte, als das geschichtliche Produkt eines bis in die Frühphase der Gattung zurückreichenden Zivilisationsprozesses.»[315]

Jürgen Habermas – den Foucault ebenso wie Rorty und Taylor persönlich kannte – behauptet auch, Foucault habe als Linksintellektueller begonnen und unter der Erfahrung des Scheiterns der Bewegung von 1968 das Stereotyp der Linksaussteiger vertreten, wonach universelle Aufklärung, die praktisch werde, Wille zur Macht sei.[316] Diese an sich reizvolle Erklärung geht auf die These von Ferry und Renaut zurück, wonach Foucault zu den Vätern der '68er-Bewegung gehöre. Wenn es jedoch eine Legende gibt, die durch Erforschung der Entstehung von Foucaults Werk zerstört wird, so ist es die seiner Komplizenschaft mit der Vorbereitung von 1968.[317]

Am Ende ist noch eine weitere Bilanz zu ziehen: In den neunziger Jahren des 20. Jahrhunderts ist deutlich geworden, daß Poststrukturalisten wie Derrida oder Lyotard keineswegs die Moderne widerrufen, sondern ihr Potential zur Ausdehnung von Aufklärung und Gerechtigkeit genutzt sehen wollen. Foucault kann dabei als Vorgänger betrachtet werden. In seiner Methodik besteht jedoch ein deutlicher Unterschied zu Denkern wie Lyotard, Derrida, Lévinas oder zu Heideggers Spätphilosophie. Diese nämlich arbeiten mit der Annahme, daß die Philosophie auf etwas Verborgenes zurückgehen müsse, das sich – so jedenfalls Heidegger, Derrida und Lévinas – prinzipiell nicht vergegenständlichen läßt. Auch Foucault deckt etwas auf, was verborgen war, zum Beispiel die Internierung der psychisch Gestörten oder die Geschichte der Bestrafungen und der Gefängnisse als verborgene Bedingungen der Moderne. Es handelt sich hierbei jedoch nicht um etwas grundsätzlich, sondern nur um etwas relativ Verborgenes. Es kann entdeckt werden, indem man statt philosophischer Texte bisher nicht ausgewertete historische Dokumente nutzt. Dabei wird vorausgesetzt, daß zwischen Dokument und Sachverhalt eine direkte Beziehung sprachlicher Zeichen zur Wirklichkeit besteht. Dokumente sagen, was der Fall gewesen ist. Foucault hat absichtlich die bloß diskursive Ebene der Philosophie verlassen und die Philosophie durch Bezüge zur nichtdiskursiven Ebene von Dokumenten zu ergänzen versucht. Nach seiner Auffassung verschleiert der rein philosophische Diskurs oft mehr als er aufdeckt. Vielleicht läßt sich Foucault durch eine paradox erscheinende Verbindung zwischen Journalismus und Philosophie treffend charakterisieren. 1977 hatte er bemerkt, Philosophen *müssen wieder sensibel für Ereignisse werden. Philosophen müssen Journalisten werden.*[318]

# Anmerkungen

Als DE wird zitiert: Michel Foucault: Dits et écrits. Hg. von Daniel Defert und François Ewald. 4 Bde. Paris 1994

1 Der maskierte Philosoph. Gespräch mit Christian Delacampagne in «Le Monde». In: Von der Freundschaft. Michel Foucault im Gespräch. Berlin, o. J., S. 10
2 Ebd., S. 13
3 Ebd., S. 16
4 Ebd., S. 22
5 Ebd., S. 22
6 Übersetzt nach: DE, 4. Bd., Nr. 336, S. 525 f.
7 Ebd.
8 DE, Bd. 1, S. 14
9 Übersetzt nach M. Pinguet: Les années d'apprentissage. In: Le débat 41, Sept.–Nov. 1986, S. 122 ff. Dieses Heft ist als ganzes Michel Foucault gewidmet.
10 So Louis Althusser in seiner 1992 erschienenen Autobiographie, hier zitiert und übersetzt nach DE, Bd. 1, S. 15
11 Die Ordnung des Diskurses. Frankfurt a. M. 1991, S. 45 und S. 47
12 DE, Bd. 4, S. 529
13 DE, Bd. 4, S. 110
14 DE, Bd. 2, S. 105 (1970 in einem auf japanisch erschienenen Interview)
15 Pinguet, a. a. O., S. 126
16 DE, Bd. 4, S. 204 f. (11. 9. 1981)
17 DE, Bd. 1, S. 811
18 Ebd., S. 820.
19 Ebd., S. 16 (23. Juni 1950)
20 DE, Bd. 4, S. 457 (1983)
21 Zitiert nach D. Eribon: Michel Foucault et ses contemporains. Paris 1994, S. 325, Fußnote 1.
22 DE, Bd. 1, S. 19
23 DE, Bd. 4, S. 608
24 Es erschien 1968 im Suhrkamp Verlag, Frankfurt a. M., unter dem Titel «Psychologie und Geisteskrankheit» mit dem Vermerk, die französische Originalausgabe heiße «Maladie mentale et Psychologie». Unter diesem Titel hatte Foucault das Buch 1962 umgearbeitet. Ich beziehe mich hier auf die Version von 1962.
25 Psychologie und Geisteskrankheit, a. a. O., S. 66 ff.
26 Ebd., S. 72 und S. 74
27 L. Binswanger: Traum und Existenz. Einleitung von Michel Foucault. Bern, Berlin 1992, S. 12 (Übersetzung W. Seitter), frz.: DE, Bd. 1, S. 68. Die Literatur zu Foucault hat die «Introduction» zu Binswanger teilweise behandelt. Aufschlüsse über Foucaults Argumentation lassen sich aus ihr jedoch kaum gewinnen.
28 Ebd., S. 42 (frz. DE, Bd. 1, S. 88). Hier wurde, dem Original folgend, das Adjektiv «anthropologische» hinzugefügt.
29 Ebd., S. 87 (frz. DE, Bd. 1, S. 115)
30 So Foucault in einer nicht publizierten Stelle eines Interviews von 1978: DE, Bd. 1, S. 19
31 Le débat 41, a. a. O., S. 177
32 DE, Bd. 1, S. 114. Der Übersetzung von W. Seitter, a. a. O., S. 84,

hätte hier ohne verschiedene Korrekturen nicht gefolgt werden können.

33 Binswanger, a. a. O., S. 88 (frz. DE, Bd. 1, S. 116)

34 Frz. ebd. Auch hier hätte der Übersetzung von W. Seitter nicht ohne Korrekturen gefolgt werden können.

35 Frz. ebd., S. 118f. Wiederum hätte der Übersetzung nicht ohne Korrekturen gefolgt werden können.

36 DE, Bd. 4, S. 529

37 Pinguet, a. a. O., S. 129f.

38 Vgl. D. Eribon, Foucault et ses contemporains, a. a. O., S. 113

39 DE, Bd. 1, S. 551

40 Vgl. dazu B. H. T. Taureck: Nietzsches Alternativen zum Nihilismus. Hamburg 1991, S. 485. Kritisch zum Nietzscheanismus von Foucault und Deleuze vgl. Elisabeth Rigal: Du stras sur un tombeau. Le «Foucault» de Gilles Deleuze. Mauvezin 1987.

41 M. Foucault: Nietzsche, Freud, Marx. In: Nietzsche (Cahiers de Royaumont) Paris 1967, S. 188 und S. 192

42 M. Foucault: Nietzsche, die Genealogie, die Historie. In: M. Foucault: Von der Subversion des Wissens. Frankfurt a. M. 1987, S. 80

43 Es treffe nicht zu, daß Sexualität deshalb Gegenstand moralischer Beunruhigung sei, weil sie Gegenstand von Verboten sei. (Das behauptete Bataille.) Vielmehr lasse sich moralische Beunruhigung gegenüber sexuellen Genüssen gerade auch dort erkennen, wo keine Verbote bestehen. Vgl. M. Foucault: Der Gebrauch der Lüste. Sexualität und Wahrheit. Bd. 2. Frankfurt a. M. 1989, S. 16

44 DE, Bd. 1, S. 613

45 DE, Bd. 4, S. 703

46 Ebd. Vgl. dazu D. Eribon: Michel Foucault. Paris 1989, S. 88, und P. Macey: The Lifes of Michel Foucault. London 1993, S. 52. Foucaults Liebesgeschichte mit Barraqué liegt noch immer in einem gewissen Dunkel. Eribon durfte nur einige Stunden Foucaults Briefe an Barraqué einsehen, hält sie für «superbes exercices de littérature amoureuse» und fordert ihre Veröffentlichung. Daß Barraqué sich gegenüber Foucault gegen «diese Erniedrigung» («cet avilissement», Eribon, Foucault, a. a. O., S. 88) ausspricht, mag den von J. Miller (The Passion of Michel Foucault, New York 1993, S. 90f.) oder Macey (The Lifes, a. a. O., S. 81) erhobenen Verdacht nähren, Barraqué lehne sadomasochistische Praktiken in seiner Beziehung mit Foucault nunmehr ab.

47 So Dumézil brieflich an Foucault im Oktober 1954, zitiert in DE, Bd. 1, S. 20

48 DE, Bd. 1, S. 584

49 Ebd., S. 553

50 Ebd., S. 21

51 M. Foucault: Wahnsinn und Gesellschaft. Eine Geschichte des Wahns im Zeitalter der Vernunft. Frankfurt a. M. 1969, S. 7 (frz. DE, Bd. 1, S. 159)

52 DE, Bd. 1, S. 162. Die Übersetzung von U. Köppen ist hier unpassend.

53 Wahnsinn und Gesellschaft, a. a. O., S. 12 (frz. DE, Bd. 1, S. 163)

54 Le débat 41, a. a. O., S. 135f.

55 Vgl. dazu die von D. Eribon, Michel Foucault, a. a. O., S. 191ff. abgedruckten Dokumente

56 Zitiert nach ebd., S. 199

57 Vgl. ebd., S. 206

58 Wahnsinn und Gesellschaft, a. a. O., S. 94

59 Histoire de la folie à l'âge classique, DE, Bd. 1, S. 94. Das gesamte Kapitel «Die Verbesserungswelt» fehlt in der deutschen Übersetzung.

60 Histoire de la folie, DE, Bd. 1, S. 557. Die deutsche Ausgabe hat den Schluß wiederum (um acht Seiten) gekürzt.

61 Vgl. Eribon, Foucault et ses contemporains, a. a. O., S. 138f.

62 Vgl. J. Derrida: Cogito et histoire de la folie. In: L'écriture et la différence. Paris 1967, S. 86 und S. 88. Zu diesem Thema vgl. die

Studien von B. Flynn: Derrida and Foucault: Madness and Writing. In: H. J. Silverman (Hg.): Derrida and Deconstruction. London, New York 1989, und R. Boyne: Foucault and Derrida. The Other Side of Reason, London u. a. 1990

63 DE, Bd. 2, S. 267

64 Vgl. die von G. Gutting zusammengefaßte Literatur: G. Gutting: Michel Foucault's Archeology of Scientific Reason. Cambridge 1989, S. 104

65 Wahnsinn und Gesellschaft, a. a. O., S. 60 sowie DE, Bd. 1, S. 169

66 Ebd., S. 55

67 Ebd., S. 211

68 Ebd., S. 350

69 Vgl. ausführlich zu Hegels Deutung des «Neveu de Rameau»: E. Köhler: Aufklärung I. Vorlesungen zur Geschichte der französischen Literatur. Stuttgart u. a. 1984, S. 123–131

70 Wahnsinn und Gesellschaft, a. a. O., S. 349

71 Histoire de la folie, DE, Bd. 1, S. 371. In der deutschen Übersetzung wurde diese Stelle fortgelassen.

72 Histoire de la folie, DE, Bd. 1, S. 360. In der deutschen Übersetzung fortgelassen.

73 Wahnsinn und Gesellschaft, a. a. O., S. 535 f.

74 J. Derrida: «Etre juste avec Freud». L'histoire de la folie à l'âge de la psychanalyse. In: Penser la folie. Essais sur Michel Foucault. Paris 1992

75 Vgl. Eribon, Foucault et ses contemporains, a. a. O., S. 130 f.

76 Vgl. M. Foucault: Die Geburt der Klinik. München 1973, S. 12

77 Ebd.

78 Ebd., S. 31

79 Ebd., S. 184

80 Ebd., S. 207

81 Ebd., S. 209

82 M. Foucault: Archäologie des Wissens, Frankfurt a. M. 1981, S. 28. 1967 war übrigens in Paris das Buch «La psychiatrie française de Pinel à nos jours» von Henri Baruk erschienen. Es betonte gegen Foucault, es sei in der Psychiatrie nicht um Macht und Verhaltenssteuerung, sondern ausschließlich um die Minderung des Leidens der Betroffenen gegangen.

83 DE, Bd. 2, S. 30 ff.

84 Ebd., S. 36

85 Ebd., S. 164. Es handelt sich um ein 1971 auf portugiesisch publiziertes Interview Foucaults mit J. G. Merquior und S. P. Rouanet.

86 DE, Bd. 1, S. 31, Brief, Mai 1967

87 DE, Bd. 2, S. 65

88 DE, Bd. 2, S. 469 (1973)

89 H. L. Dreyfus, P. Rabinow: Michel Foucault. Beyond Structuralism and Hermeneutics. With an Afterword by Michel Foucault. Brighton 1986, S. 208. Die französische Übersetzung von Durand-Bogaert in DE, Bd. IV, S. 223 benutzt den Singular «l'être humain» statt «human beings». Die von Foucault ausgesagte Vielheit der menschlichen Individuen wird damit sinnwidrig auf den Begriff «Menschenwesen» reduziert.

90 Ebd.

91 Vgl. das Sachregister von DE, Bd. 4, S. 878 und pass.

92 DE, Bd. 1, S. 236

93 R. Queneau: Premières confrontations avec Hegel. In: Critique, 195/196, réimpression fac-similé 1991, S. 700

94 Ich folge hier der Darstellung von Bruce Baugh: Hegel in Modern French Philosophy: The Unhappy Consciousness. In: Laval théologique et philosophique, 49,3/1993, S. 423–439. Baugh arbeitet mit einer Fülle von Belegen heraus, daß der französische außeruniversitäre Hegelianismus nicht etwa auf die – in Deutschland unterstellte – Deutung von Herrschaft und Knechtschaft bei Alexandre Kojève zurückgeht, sondern, fußend auf Arbeiten von Alexandre Koyré, auf das Thema des endlichen, unversöhnten und nicht versöhnungsfähigen unglücklichen Bewußtseins. Kojève, Jean Wahl, Breton, Lefebvre, Fondane, Hyppolite, Sartre und

Derrida folgen alle dieser Linie. In diesem Panorama fehlt jedoch nicht nur Bataille, sondern auch Foucault. Sie beanspruchen in der Tat eine Alternative.

95 G. W. F. Hegel: Phänomenologie des Geistes. Hg. von J. Hoffmeister. Hamburg 1952, S. 165

96 M. Foucault: Was ist Kritik? Berlin 1922, S. 12 (fehlt in DE)

97 G. Deleuze: Michel Foucault. Der Faden ist gerissen. Berlin 1977, S. 43. Vgl. DE, Bd. 2, S. 90

98 M. Foucault: Raymond Roussel. Frankfurt a. M. 1989, S. 191

99 Vgl. H. Lemaitre: L'Aventure littéraire du XXe siècle. Première époque 1890–1930. Paris 1984, S. 483

100 Foucault, Raymond Roussel, a.a.O., S. 191

101 Ebd., S. 31

102 Ebd., S. 22 f.

103 Ebd., S. 156

104 A. Artaud: Messages révolutionnaires. Paris 1971, S. 25

105 M. Foucault. Das Denken des Draußen. In: ders.: Schriften zur Literatur. Frankfurt a. M. 1988, S. 133 (DE, Bd. 1, Nr. 38)

106 Ebd., S. 155

107 Ebd., S. 134 f.

108 DE, Bd. 1, S. 373

109 Schriften zur Literatur, a.a.O., S. 95–98

110 Schriften zur Literatur, a.a.O., S. 161

111 DE, Bd. 1, S. 542 f.

112 Ebd., S. 544. Man muß hierin auch eine Kritik an Sartres Bemerkung über Klee erblicken, die lautet: «Größe und Irrtum Paul Klees beruhen auf seinem Versuch, eine Malerei zu machen, die zugleich Zeichen und Gegenstand ist.» J.-P. Sartre: Was ist Literatur? Reinbek 1986, S. 14, Fußnote

113 Vgl. auch die Vorstufe in DE, Bd. 1, Nr. 53

114 Vgl. DE, Bd. 1, S. 26

115 Ebd., S. 541

116 Die deutsche Übersetzung, Frankfurt a. M. 1974, S. 462, dieses Satzes, der «Die Ordnung der Dinge» abschließt, faßt «visage de sable» als «Gesicht im Sand», was einem französischen «visage dans le sable» entspricht. Es liegen jedoch keine anderen französischen Fassungen vor als die eine, die «visage de sable» enthält. Die Pointe Foucaults mit seinem Bild besteht wesentlich darin, daß der Mensch etwas willkürlich Geformtes darstellt wie ein aus Sand geformtes Gesicht am Strand. Ein so verstandener Mensch kann in der Tat verschwinden.

117 Vgl. Macey, The Lifes, a.a.O., S. 90, und B. Baugh, Hegel in Modern French Philosophy, a.a.O.

118 DE, Bd. 3, S. 108

119 Vgl. F. Nietzsche: Zur Genealogie der Moral, III, Nr. 35. Vgl. auch W. Schmid: Auf der Suche nach einer neuen Lebenskunst. Frankfurt a. M. 1991, S. 103, Fußnote 7

120 DE, Bd. 1, S. 28

121 Foucault, Die Ordnung der Dinge, a.a.O., S. 27

122 Ebd., S. 25. Foucault verwendet dabei das griechische Wort «episteme», das «Wissenschaft» bedeutet, wieder in seinem wörtlichen antiken Sinn. Es bezeichnete nämlich ursprünglich die Handlung eines Vor-sich-Hinstellens (epi + hísthanai).

123 Ebd., S. 27

124 Auf Spengler weist in diesem Zusammenhang hin: J. G. Merquior: Foucault. London 1985, S. 56 und S. 72

125 Foucault, Die Ordnung der Dinge, a.a.O., vgl. dort auch zu Spengler, S. 443 f.

126 Ebd., S. 388

127 Ebd., S. 112

128 Hegel, Phänomenologie des Geistes, S. 71 und S. 74

129 Foucault, Die Ordnung der Dinge, a.a.O., S. 393 f.

130 Vorrede zur Überschreitung. In: M. Foucault: Von der Subversion des Wissens, Frankfurt a. M. 1987, S. 36

131 Vgl. dazu zusammenfassend den informativen Artikel über T. S. Kuhn von C. F. Gethmann in:

Enzyklopädie Philosophie und Wissenschaftstheorie. Hg. J. Mittelstraß. Mannheim u. a. 1981, Bd. 2, S. 504–507

132 Foucault, Die Ordnung der Dinge, a. a. O., S. 24

133 Vgl. dazu Merquior, Foucault, a. a. O., S. 37 f. Zu Foucault und Kuhn vgl. F. Weinert: Die Arbeit der Geschichte. Ein Vergleich der Analysemodelle von Kuhn und Foucault. In: Zeitschrift für allgemeine Wissenschaftstheorie XIII, 2/1982. Vgl. dazu auch U. Marti: Michel Foucault. München 1988, S. 53 ff.

134 DE, Bd. 2, S. 240

135 Zitiert nach Eribon, Foucault et ses contemporains, a. a. O., S. 191

136 Foucault, Die Ordnung der Dinge, a. a. O., S. 303

137 Ebd., S. 76 f.

138 Ebd., S. 459

139 Ebd., S. 77

140 Ebd., S. 459

141 Ebd., S. 389

142 DE, Bd. 4, S. 67

143 Ebd., S. 75

144 DE, Bd. 1, S. 541

145 Ebd., S. 541 f.

146 DE, Bd. 4, S. 50

147 Foucault, Die Ordnung der Dinge, a. a. O., S. 396

148 Foucault, Dispositive der Macht, a. a. O., S. 193. Vgl. DE, Bd. 3, S. 266

149 M. Foucault: Mikrophysik der Macht. Berlin 1976, S. 47. Vgl. DE, Bd. 2, S. 753 (1975)

150 Ebd., S. 46

151 Von der Freundschaft. Michel Foucault im Gespräch. Berlin o. J., S. 81

152 DE, Bd. 4, S. 42 (Interview mit Trombadori, 1978)

153 Foucault, Die Ordnung der Dinge, a. a. O., S. 25, Fußnote

154 M. Foucault: Archäologie des Wissens. Frankfurt a. M. 1981, S. 28

155 Ebd., S. 29

156 Ebd., S. 17

157 Ebd., S. 198

158 Ebd., S. 193

159 Ebd., S. 182 ff.

160 Ebd.

161 Ebd., S. 184 f.

162 Ebd., S. 188

163 Ebd., S. 298

164 Ebd., S. 175

165 Ebd., S. 289 f.

166 Ebd., S. 299

167 Ebd., S. 297

168 Ebd., S. 120 ff.

169 Zitiert nach Dreyfus/Rabinow, Michel Foucault, a. a. O., S. 46, Fußnote

170 Vgl. G. Gutting: Michel Foucault's Archeology of Scientific Reason, Cambridge 1989, S. 240 ff.

171 Foucault, Archäologie des Wissens, a. a. O., S. 292

172 Ebd., S. 293

173 DE, Bd. 1, S. 168

174 Foucault, Archäologie des Wissens, a. a. O., S. 27

175 Foucault, Die Ordnung der Dinge, a. a. O., S. 15

176 M. Foucault: Was ist Kritik? Berlin 1992, S. 23. Dieser Text findet sich nicht in DE.

177 Hinsichtlich dieser generellen Einordnung Foucaults, die jedoch nichts über die Windungen und Wendung in seinem Denken sagt, folge ich der aufschlußreichen Darstellung von Ernesto Laclau: Discourse. In: R. E. Goddin und Ph. Pettit (Hg.): A Companion to Contemporary Political Philosophy. Oxford 1996, S. 431–438

178 M. Foucault, Die Ordnung des Diskurses. Frankfurt a. M. 1991, S. 10 f.

179 Ebd., S. 15

180 Ebd., S. 17

181 DE, Bd. 1, S. 843

182 Ebd.

183 M. Foucault: Résumé des cours 1970–1982. Paris 1989, S. 19 f.

184 Ebd.

185 Ebd., S. 14 f.

186 Ebd., S. 23

187 Von den Martern zu den Zellen. Interview mit «Le Monde», 21. 5. 1975, in: Mikrophysik der Macht. Michel Foucault über Strafjustiz, Psychiatrie und Medizin. Berlin 1976, S. 53

188 M. Foucault: Überwachen und

Strafen. Die Geburt des Gefängnisses. Frankfurt a. M. 1991, S. 42
189 Mikrophysik der Macht, a. a. O., S. 52
190 DE, Bd. 1, S. 667
191 Foucault, Überwachen und Strafen, a. a. O., S. 33
192 Ebd., S. 34 f.
193 Ebd., S. 38
194 Ebd., S. 39 f.
195 Dispositive der Macht. Michel Foucault über Sexualität, Wissen und Wahrheit. Berlin 1978, S. 141
196 Foucault, Überwachen und Strafen, a. a. O., S. 229. Im Original heißt es sogar: «à l'excès, à la force, à la violence» – «auf den Exzeß, auf Kraftäußerung und Gewalt».
197 Ebd., S. 104
198 «Mikrophysik der Macht»: ebd., S. 38. Zitat: Mikrophysik der Macht, a. a. O., S. 32
199 Foucault, Überwachen und Strafen, a. a. O., S. 236
200 Ebd., S. 237
201 Vgl. M. Weber: Wirtschaft und Gesellschaft. Grundriß der verstehenden Soziologie. Tübingen 1980, S. 123
202 Vgl. M. Weber: Die «Objektivität» sozialwissenschaftlicher und sozialpolitischer Erkenntnis. In: ders.: Gesammelte Aufsätze zur Wissenschaftslehre. Tübingen ⁷1988, S. 194 f.
203 M. Foucault: The Subject and Power. In: Dreyfus/Rabinow, Foucault, a. a. O., S. 210. Auf die in diesen Äußerungen enthaltene Kritik an Max Weber weist hin: B. Smart: Michel Foucault. London, New York 1985, S. 138 f. Die amerikanische Philosophin Nancy Fraser merkt jedoch bedenkenswert kritisch an: «Foucault schreibt, als ob er sich der Existenz des ganzen Korpus der Sozialtheorie Max Webers mit ihren sorgfältigen Unterscheidungen von Begriffen wie Autorität, Zwang, Gewalt, Herrschaft und Legitimation nicht bewußt wäre. Phänomene, die mit solchen Begriffen unterschieden werden könnten, werden unter dem Sammelbegriff der Macht zusammengefaßt. Auf die Möglichkeit einer weiten Bandbreite normativer Nuancen wird verzichtet.» Nancy Fraser: Widerspenstige Praktiken. Macht, Diskurs, Geschlecht. Frankfurt a. M. 1994, S. 52 f. In der Literatur zu Foucault gibt es auch Stimmen, die Foucault und Weber für vereinbar halten. Der australische Soziologe Mitchell Dean hat die verschiedenen Positionen 1994 zusammengestellt. Er selbst hält beide Positionen jedoch – ähnlich wie hier begründet – für nicht miteinander vereinbar. Vgl. M. Dean: Effective Histories. Foucault's Methods and Historical Sociology. London, New York 1994, S. 58–74
204 DE, Bd. 4, S. 26
205 DE, Bd. 4, S. 27
206 Die Intellektuellen und die Macht. Ein Gespräch zwischen Michel Foucault und Gilles Deleuze. In: G. Deleuze, M. Foucault: Der Faden ist gerissen. Berlin 1977, S. 89
207 Moi, Pierre Rivière …, Paris 1973, S. 73
208 Ebd., S. 12
209 Ebd., S. 13. Foucault assoziiert auch hier wieder – gegen Derrida, vgl. oben, Anm. 62 – Schrift mit pädagogischer Disziplinierung. Kritisch zu Foucaults Umgang mit den Rivière-Dokumenten vgl. die Beiträge von Ph. Lejeune, D. Fabre und J.-P. Peter in: Le débat, 66/1991
210 Foucault, Überwachen und Strafen, a. a. O., S. 246
211 Ebd.
212 Ebd.
213 Ebd., S. 285
214 Ebd.
215 Ebd., S. 249
216 M. Foucault, Was ist Kritik? Berlin 1992, S. 33
217 Deleuze/Foucault, Der Faden ist gerissen, a. a. O., S. 95
218 Foucault weist dort selbst auch auf Bacon hin: ebd., S. 290

219 Foucault, Überwachen und Strafen, a.a.O., S. 250
220 Ebd., S. 259
221 Ebd.
222 Ebd., S. 264
223 Ebd.
224 Ebd., S. 267
225 Ebd., S. 394
226 M. Foucault: Räderwerke des Überwachens und Strafens. In: Mikrophysik der Macht, a.a.O., S. 33–36
227 M. Foucault, Vom Licht des Krieges zur Geburt der Geschichte. Berlin 1986, S. 8
228 Ebd., S. 23
229 Ebd., S. 24
230 Ebd., S. 51
231 Ebd.
232 Ebd., S. 53
233 M. Foucault: Der Wille zum Wissen. Frankfurt a.M. 1983, S. 113 und S. 115
234 Michel Foucault: The Subject and Power. In: Dreyfus/Rabinow, Michel Foucault, a.a.O., S. 220f.
235 So V. Descombes, aufgegriffen von A. Rorty: Moral Identity and Private Autonomy: The Case of Michel Foucault. In: ders.: Essays in Heidegger and others. Cambridge 1991, S. 195
236 DE, Bd. 4, S. 728
237 Foucault, Der Wille zum Wissen, a.a.O., S. 166
238 Vgl. dazu den weiterführenden Sammelband: The Foucault Effect. Studies in Governmentality. Hg. von G. Burchell, C. Gordon, P. Miller. London u.a. 1991
239 DE, Bd. 3, S. 656 (1978)
240 Foucault, Der Wille zum Wissen, a.a.O., S. 165f.
241 Übersetzt nach M. Foucault: «Il faut défendre la société». Cours au Collège de France, 1976. Paris 1997, S. 220
242 Ebd., S. 227
243 Ebd., S. 228
244 Ebd.
245 Ebd., S. 230
246 Während Didier Eribon in «Le Nouvel Observateur» vom 20.2.1997, S. 106, von einer «überraschenden Aktualität»

der Foucaultschen Analyse spricht, bemerkt Christian Delacampagne in «Le Monde» vom 21.2.1997, p. IX: «War es für einen Philosophen nötig, der revolutionär, jedoch nicht marxistisch sein wollte, den Nazismus so weit zu banalisieren, um zu verstehen zu geben, daß er im Grunde nicht schlimmer gewesen sei als die Demokratie, die liberal zu sein beansprucht?»
247 Vgl. dazu G. Deleuze, F. Guattari: Capitalisme et schizophrénie. Mille Plateaux. Paris 1980, S. 281–283
248 Ebd., S. 232
249 Ebd., S. 234
250 Vgl. DE, Bd. 3, S. 655. Vgl. Nietzsche: Also sprach Zarathustra, I, «Vom neuen Götzen»: «Staat heißt das kälteste aller kalten Ungeheuer.» Vgl. dazu B. H. F. Taureck: Nietzsche und der Faschismus. Ein Politikum, Leipzig 2000, S. 179–186. Daß Foucault sich, ohne Nietzsches Namen zu erwähnen, in der Sache nachhaltig von Nietzsche distanziert, mag dazu beigetragen haben, daß dieser Vorgang bisher nicht registriert wurde.
251 DE, Bd. 3, S. 646
252 DE, Bd. 4, S. 729
253 Vgl. DE, Bd. 2, Nr. 132, bes. S. 490ff. Diese Klärungsvermeidung ist um so bedauerlicher, als darin auch für Chomsky jener Rechtfertigungsdruck hätte entstehen können, in welchem sein folgenreiches Miß- und Nichtverstehen von Skinners Sprachtheorie deutlich würde.
254 DE, Bd. 2, S. 174
255 Zitiert nach Eribon, Michel Foucault, a.a.O., S. 237
256 Foucault, Mikrophysik der Macht, a.a.O., S. 28f.
257 Le Monde, 3.5.1971. Vgl. auch DE, Bd. 2, Nr. 90
258 DE, Bd. 2, S. 399
259 Vgl. Eribon, Michel Foucault, a.a.O., S. 248
260 DE, Bd. 3, S. 793
261 Ebd., S. 680
262 Ebd., S. 694

263 Ebd.
264 Ebd., S. 749
265 Vgl. dazu kritisch R. J. C. Young: Foucault on Race and Colonialism. In: New Formations, 25, London 1995, Michel Foucault: J'accuse, S. 57–66
266 Foucault, «Il faut défendre la société», a.a.O., S. 89
267 DE, Bd. 3, S. 782
268 Ebd., S. 623f. (1978)
269 Ebd., S. 794. Im Original heißt es: «Intellectuel, je suis». Damit ahmt Foucault Descartes' «Ich denke, ich bin» nach und setzt an die Stelle des «Ich denke» das aktuelles Engagement ausdrückende «Intellektueller».
270 Von der Freundschaft. Michel Foucault im Gespräch. Berlin o. J., S. 10, DE, Bd. 4, S. 105
271 L. Althusser, Die Zukunft hat Zeit, Frankfurt a. M. 1993
272 DE, Bd. 3, S. 279. Der Text erschien 1977 in «Le Nouvel Observateur» Nr. 652
273 DE, Bd. 4, S. 707f.
274 DE, Bd. 1, S. 46
275 James Miller vertritt die erste und David M. Halperin die zweite These. Halperin übersieht jedoch bei seiner Kritik an Miller grundsätzlich die Vereinbarkeit beider Thesen. Im Unterschied zu Didier Eribons Erwiderung auf Millers Darstellung – alle von Miller dargestellten Tatsachen über Foucaults Sadomasochismus seien zuvor bekannt gewesen (seltsamerweise wurden sie jedoch nirgends zusammenhängend dargestellt) – fehlt bei Halperin jeglicher despektierliche Unterton gegenüber Miller. Vgl. J. Miller: The Passion of Michel Foucault. New York 1993. D. M. Halperin: Saint=Foucault. Towards a Gay Hagiography. New York, Oxford 1995; D. Eribon, Foucault et ses contemporains, a.a.O., S. 35ff.
276 Von der Freundschaft, a.a.O., S. 58; vgl. DE, Bd. 3, Nr. 264
277 Ebd., S. 56f.
278 DE, Bd. 2, S. 536f.
279 DE, Bd. 4, S. 697 («sehr brüske Wendung») und S. 705
280 Wahrheit, Macht, Selbst. Ein Gespräch zwischen Rux Martin und Michel Foucault, 25. Oktober 1982. In: Technologien des Selbst. Hg. von L. H. Martin, H. Gutman und P. H. Hutton. Frankfurt a. M. 1993, S. 18
281 M. Foucault: Schriften zur Literatur. Frankfurt a. M. 1988, S. 76
282 Der Gebrauch der Lüste. Sexualität und Wahrheit. Bd. 2. Frankfurt a. M. 1986, S. 16
283 DE, Bd. 4, S. 702
284 Von der Freundschaft, a.a.O., S. 114
285 M. Foucault: Diskurs und Wahrheit. Die Problematisierung der Parrhesia. 6 Vorlesungen, gehalten im Herbst 1983 an der Universität von Berkeley/ Kalifornien. Hg. von J. Pearson. Berlin 1996, S. 177f.
286 Ebd., S. 178
287 G. Deleuze: Pourparlers. Paris 1990, S. 140
288 Ebd.
289 Foucault, Der Wille zum Wissen, a.a.O., S. 97f.
290 Ebd., S. 83 (1984)
291 Ebd., S. 82. Vgl. auch M. Foucault: L'usage des plaisirs. Paris 1984, S. 10ff.
292 Ebd., S. 89
293 Ebd., S. 109f.
294 Althusser, L'avenir, a.a.O., S. 299–301
295 DE, Bd. 4, S. 631f.
296 Die Bezüge Foucaults zu Heidegger werden kontrovers diskutiert. Vgl. aus meiner Sicht. B. H. F. Taureck: Les apories du méta-historicisme: l'argument présocratique chez Hegel, Nietzsche et Heidegger. In: G. Boss (Hg.): La philosophie et son histoire. Essais et discussions. Zürich 1994
297 M. Foucault: Was ist Aufklärung? In: E. Erdmann, R. Forst, A. Honneth (Hg.): Ethos der Moderne. Foucaults Kritik der Aufklärung. Frankfurt a. M., New York 1990, S. 49 (frz. DE, Bd. 4, S. 574f.)

298 Ebd., S. 44f. (frz. DE, Bd. 4, S. 570f.)
299 M. Foucault: Qu'est-ce que les Lumières? In: DE, Bd. 4, S. 568
300 Ebd., S. 577. Der deutschen Übersetzung kann an dieser Stelle nicht gefolgt werden.
301 Foucault, Was ist Aufklärung? a.a.O., S. 49 (frz. DE, Bd. 4, S. 575)
302 DE, Bd. 1, S. 63
303 Vgl. ebd., S. 64
304 Ebd.
305 Zu Clavel vgl. D. Eribon, Michel Foucault, a.a.O., S. 266–270. Zu Veyne vgl. P. Veyne: Foucault révolutionne l'histoire. In: ders.: Comment on écrit l'histoire. Paris 1978, S. 203
306 G. Deleuze: Foucault. Frankfurt a.M. 1987, S. 9, frz. Paris 1986
307 Deleuze/Foucault, Der Faden ist gerissen, a.a.O., S. 21; vgl. DE II, S. 76
308 G. Deleuze: Un portrait de Foucault. In: ders.: Pourparlers 1972–1990. Paris 1990, S. 139f. Foucault hatte in seinem Vorwort zur deutschen Ausgabe von «Die Ordnung der Dinge» bemerkt, er sei kein Strukturalist. Das aber habe er nicht in die «winzigen Köpfe» seiner französischen Kritiker «kriegen können».
309 Vgl. L. Ferry, A, Renaut: La pensée 68. Essais sur l'antihuma nisme contemporain. Paris 1985, S. 163 sowie dieselben. 68–86. Itinéraires de l'individu. Paris 1987, S. 106f. Vgl. ferner J. Baudrillard: Oublier Foucault. Paris 1977: Die Macht sei längst leer geworden. Foucault halte sich in einem von ihm nicht durchschauten Vakuum auf. Oder C. Castoriadis: Foucault habe bis 1968 reaktionäre Positionen vertreten und habe später an einer spezifisch französischen Ideologie gebastelt, die die «Dummheiten» vom Tod des Menschen und der Auflösung des Subjekts enthalte. Vgl. C.

Castoriadis: La montée de l'insignifiance. Les carrefours du labyrinthe IV. Paris 1996, S. 31
310 Ferry/Renaut, 68–86, a.a.O., S. 107
311 Vgl. dazu besonders G. Gutting, Michel Foucault's Archeology of Scientific Reason, a.a.O. Zuvor K. Doerner: Madmen and the Bourgeoisie: A Social History of Madness and Insanity. Oxford 1981. Vgl. auch H. Treibner, H. Steinert: Die Fabrikation des zuverlässigen Menschen. Über die «Wahlverwandtschaft» von Klöster- und Fabrikationsdisziplin. München 1980, S. 77–97
312 P. Bourdieu: Les règles de l'art. Génèse et structure du champ littéraire. Paris 1992, S. 278f.
313 Vgl. R. Rorty: Moral Identity and Private Autonomy: The Case of Foucault. In: ders.: Essays on Heidegger and others, a.a.O. Ch. Taylor: Foucault on Freedom and Truth. In: Foucault. A Critical Reader. Hg. von D.C. Hoy. Oxford, New York 1986; N. Fraser: Macht, Norm und Vokabular der Auseinandersetzung. In: dies.: Widerspenstige Praktiken. Macht, Diskurs, Geschlecht. Frankfurt a.M. 1994; J. Habermas: Der philosophische Diskurs der Moderne. Zwölf Vorlesungen. Frankfurt a.M. 1985; A. Honneth: Kritik der Macht. Reflexionsstufen einer kritischen Gesellschaftstheorie. Frankfurt a.M. 1989
314 Habermas, Der philosophische Diskurs, a.a.O., S. 344
315 Honneth, Kritik der Macht, S. 221
316 Habermas, Der philosophische Diskurs, a.a.O., S. 302
317 Vgl. dazu die Klarstellungen bei Eribon, Foucault et ses contemporains, a.a.O., S. 73ff.
318 Vgl. Le Nouvel Observateur, 11. Juli 1977, S. 51; vgl. dazu Macey: The Lifes, a.a.O., S. 389

# Zeittafel

| | |
|---|---|
| 1926 | 15. Oktober: Geburt Paul-Michel Foucaults in Poitiers als zweites Kind des Chirurgen Paul Foucault. Auch seine Mutter, Anne Malapert, stammt aus einer Ärztefamilie. Die Schwester Francine wird 1925, der Bruder Denys 1933 geboren. |
| 1945 | Schulabschluß am Lycée Henri IV in Paris. Einige Monate Unterricht bei Jean Hyppolite |
| 1946 | Im zweiten Anlauf Zulassung zur École normale supérieure in Paris. Foucault wird dort Schüler und Freund von Louis Althusser. |
| 1948 | Diplom in Philosophie. Wahrscheinlich erster Freitodversuch |
| 1949 | Diplom in Psychologie |
| 1950 | Zweiter Freitodversuch |
| 1951 | Staatsexamen in Philosophie |
| 1952 | Diplom für Psychopathologie. Assistent an der Philosophischen Fakultät in Lille, Bekanntschaft mit Pierre Boulez, Freundschaft mit Jean Barraqué |
| 1954 | Vorwort zu Binswangers «Traum und Existenz». *Maladie mentale et personnalité* wird abgeschlossen. |
| 1955 | Lektor an der Universität Uppsala, Leitung der Maison de France |
| 1958 | Direktor des Centre français der Universität Warschau. Enge Verbundenheit mit dem französischen Botschafter Burin des Roziers |
| 1959 | Direktor des Institut Français in Hamburg |
| 1960–1966 | Privatdozent und Professor für Psychologie und Philosophie an der Universität Clermont-Ferrand |
| 1960–1984 | Beziehung mit Daniel Defort |
| 1961 | Promotion mit *Histoire de la folie à l'âge classique* in Paris |
| 1965–1968 | Gastprofessor an der Universität Tunis |
| 1968–1970 | Beteiligt sich als Professor für Philosophie an der Gründung des Centre universitaire expérimental de Vincennes. |
| 1970–1984 | Professor für Geschichte der Denksysteme am Collège de France |
| 1971 | Gründung der GIP (Gruppe zur Information über Gefängnisse) |

| 1975 | Erster Aufenthalt in Berkeley, Kalifornien |
| 1978 | Aufenthalt in Japan, intensive Beschäftigung mit Zen-Buddhismus. Berichtet als Korrespondent für den «Corriere della Sera» über die islamisch-fundamentalistische Revolution im Iran. |
| 1982 | Unterstützung der Solidarność und Reise nach Polen (mit u. a. Simone Signoret und Bernard Kouchner) |
| 1983 | Vorträge in Berkeley |
| 1984 | Am 25. Juni stirbt Michel Foucault an den Folgen einer HIV-Infektion in Paris |

# Zeugnisse

*Jürgen Habermas*
Für Foucault ist die Erfahrung der Endlichkeit zum philosophischen Stachel geworden. Er hat die Macht des Kontingenten, die er am Ende mit Macht überhaupt identifizierte, eher aus einem stoischen Blickwinkel beobachtet als aus dem christlichen Erfahrungswinkel gedeutet. Und doch war in ihm das Stoische des übergenau Distanz haltenden, auf Sachlichkeit versessenen Beobachters eigentümlich verwoben mit dem entgegengesetzten Element der leidenschaftlichen, selbstverzehrenden Teilnahme an der Aktualität des geschichtlichen Augenblicks.

Die neue Unübersichtlichkeit. Frankfurt a. M. 1985, S. 126

*Maurice Blanchot*
Die Freundschaft wurde Foucault vielleicht als eine postume Gabe versprochen, jenseits der Leidenschaften, der Denkprobleme, der Gefahren für das Leben, die er mehr für die anderen, als für sich selbst empfand.

Michel Foucault tel que je l'imagine. Montpellier 1986, S. 64

*Georges Dumézil*
Seine Person entglitt in jedem Sinn. Ich habe den Eindruck, von ihm alles und gleichzeitig von ihm nichts zu wissen.

Dumézil gesprächsweise zu Didier Eribon, in:
D. Eribon: Michel Foucault et ses contemporains.
Paris 1994, S. 31

*Hans Krämer*
Foucault hat zwar die Kategorie der Selbstsorge durch das Konzept der Selbstpraktiken und -techniken vorzüglich veranschaulicht und zur Evidenz gebracht, aber die der Selbstsorge und Selbstwahl inhärierende praktische Problematik wiederum nicht zum Thema gemacht. Es wird nicht deutlich, daß Selbstwahl und -sorge gehemmt und blockiert sein und scheitern oder nur partiell glücken kann. [...] Foucault bleibt daher bei einer destruktiven anthropologischen Metatheorie stehen, ohne zur Ethik zu gelangen.

Integrative Ethik. Frankfurt a. M. 1992, S. 238 f.

*François Ewald*
Ich habe mir den Spaß gemacht, in den Gesprächen, in denen man ihn um eine Selbstdefinition bittet, die Antworten hervorzuheben, bei denen er sagt «was ich nicht bin»: Ich bin nicht Philosoph, ich bin nicht Historiker, ich bin nicht Strukturalist. Eine der positiven Identifikationen lautet: Ich bin Journalist. [...] Er hat der Philosophie in gewisser Weise den Zug eines transzendentalen Journalismus gegeben.

Interview in: Magazine littéraire, 335, Okt. 1994, S. 21

*Richard Sennett*
In seinen bekanntesten Büchern wie *Überwachen und Strafen* stellte sich Foucault den menschlichen Körper beinahe erwürgt von der gesellschaftlichen Macht vor. Als sein eigener Körper schwächer wurde, suchte er diesen Knoten zu lockern; im dritten Band von *Sexualität und Wahrheit* und mehr noch in den Notizen zu diesen Bänden, die er nicht mehr vollenden konnte, versuchte er, körperliche Lüste zu erforschen, die nicht Gefangene der Gesellschaft sind. Eine gewisse Paranoia der Kontrolle gegenüber, die einen Großteil seines Lebens bestimmt hatte, verließ ihn, als er im Sterben lag.

Fleisch und Stein. Der Körper und die Stadt in der westlichen Zivilisation.
Berlin 1995, S. 35

*Sylvie le Bon de Beauvoir*
Simone de Beauvoir dachte, wie Sartre, daß das Bewußtsein eine absolut irreduzible Realität sei. Von dem Auftreten oder dem Verschwinden des Subjekts zu sprechen, nahm sich folglich albern oder gefährlich aus.

Simone de Beauvoir Studies, 12/1995, S. 15

*David M. Halperin*
«Queer» [«eigentümlich»/«homosexuell»] [...] ist in der Tat für jeden verfügbar, der durch ihre oder seine sexuellen Praktiken marginalisiert ist oder sich so fühlt. [...] Foucault selbst dürfte eine queer-Konzeption homosexueller Identität und Schwulenpolitik vorweggenommen und akzeptiert haben.

Saint=Foucault. Towards a Gay Hagiography. Oxford, New York 1995,
S. 62 und S. 67

*Richard Rorty*
Der große Unterschied zwischen Foucault und Derrida ist, daß Derrida ein sentimentalischer, hoffnungsfroher, romantisch-idealistischer Schriftsteller ist. Dagegen scheint Foucault häufig alles daran zu setzen, keine soziale Hoffnung und keine menschlichen Gefühle zu haben.

Remarks on Deconstruction and Pragmatism. In: Chantal Mouffle (Hg.):
Deconstruction and Pragmatism. London, New York 1996, S. 13

# Bibliographie

Schriften Foucaults in deutscher Übersetzung

Die Texte werden in der zeitlichen Reihenfolge der Erstveröffentlichungen aufgeführt.

Einleitung zu L. Binswanger: Traum und Existenz. Berlin, Bern 1992 (frz. 1954)

Psychologie und Geisteskrankheit. Frankfurt a. M. 1968 (frz. 1954)

Wahnsinn und Gesellschaft. Eine Geschichte des Wahns im Zeitalter der Vernunft. Frankfurt a. M. 1973 (frz. 1961)

Schriften zur Literatur. 1962. 1969. Frankfurt a. M. 1973

Von der Subversion des Wissens. 1963–1973. Frankfurt a. M. 1987

Die Geburt der Klinik. Eine Archäologie des ärztlichen Blicks. München 1973 (frz. 1963)

Raymond Roussel. Frankfurt a. M. 1988 (frz. 1963)

Die Ordnung der Dinge. Eine Archäologie der Humanwissenschaften. Frankfurt a. M. 1969 (frz. 1966)

Die Archäologie des Wissens. Frankfurt a. M. 1973 (frz. 1969)

Die Ordnung des Diskurses. Frankfurt a. M. 1991 (frz. 1971)

Der Fall Rivière. Materialien zum Verhältnis von Psychiatrie und Strafjustiz. Frankfurt a. M. 1975 (frz. 1973)

Überwachen und Strafen. Die Geburt des Gefängnisses. Frankfurt a. M. 1976 (frz. 1975)

Mikrophysik der Macht. Über Strafjustiz, Psychiatrie und Medizin. Berlin 1976

Gilles Deleuze, Michel Foucault: Der Faden ist gerissen. Berlin 1977

Vom Licht des Krieges zur Geburt der Geschichte. Berlin 1986

Der Wille zum Wissen. Sexualität und Wahrheit 1. Frankfurt a. M. 1977 (frz. 1976)

Von der Freundschaft. Berlin o. J.

Der Gebrauch der Lüste. Sexualität und Wahrheit 2. Frankfurt a. M. 1986 (frz. 1984)

Die Sorge um sich. Sexualität und Wahrheit 3. Frankfurt a. M. 1986 (frz. 1984)

Was ist Kritik? Berlin 1992 (nicht in DE)

Diskurs und Wahrheit. Berkeley-Vorlesungen. Berlin 1996

Bisher nicht bzw. nur teilweise übersetzt wurden:

Dits et écrits. 4 Bde. Paris 1994 (teilweise übersetzt)
Herculine Barbin, dite Alexina B. Paris 1978 (nicht übersetzt)
Les désordres des familles. Lettre de cachet de la Bastille. Paris 1982 (nicht übersetzt)

In Paris befindet sich das Centre Michel Foucault (Bibliothèque du Saulchoir, 43 bis, rue de la Glacière, F 75013 Paris). Im Rahmen der Association pour le centre Michel Foucault erschien im Februar 1997 erstmalig die französische Ausgabe eines Bandes der von Foucault zwischen 1970 und 1984 am Collège de France gehaltenen Vorlesungen: «Il faut défendre la société». Cours au Collège de France 1976, hg. von M. Bertani und A. Fontana. Paris 1997 (Gallimard/Le Seuil). Ab 1998 ist jährlich das Erscheinen eines der zwölf restlichen Vorlesungs-Bände geplant:
La Volonté de savoir (1970–1971)
Théories et institutions pénales (1971–1972)
La Société punitive (1972–1973)
Le Pouvoir psychiatrique (1973–1974)
Les Anormaux (1974–1975)
Sécurité, territoire et population (1977–1978)
Naissance de la biopolitique (1978–1979)
Du Gouvernement des vivants (1979–1980)
Subjectivité et vérité (1980–1981)
L'Herméneutique du sujet (1981–1982)
Le Gouverment de soi et des autres (1981–1982)
Le Gouvernement de soi et des autres: le courage de la vérité (1983–1984)


Bibliographie

Clark, M.: Michel Foucault. The Annotated Tool Kit Bibliography for a New Age. New York 1983

Biographien

Auzias, J.-M.: Michel Foucault. Qui suis-je? Lyon 1986
Eribon, D.: Michel Foucault. Paris 1989 (dt. 1993)
–: Michel Foucault et ses contemporains. Paris 1994
Defert, D.: Chronologie. In: Michel Foucault: Dits et écrits. Bd. 1. Paris 1994, S. 13–65
Macey, D.: The Lifes of Michel Foucault. London 1993
Miller, J.: Die Leidenschaft des Michel Foucault, Köln 1995

## Einführungen

Fink-Eitel, H.: Foucault zur Einführung. Hamburg 1989 (kritisch)
Kögler, H. H.: Michel Foucault. Stuttgart, Weimar 1994 (zuwenig kritisch)
Kremer-Marietti, A.: Michel Foucault. Archéologie et généalogie. Paris 1985 (zuwenig kritisch)
Marti, U.: Michel Foucault. München 1988 (zuwenig kritisch)
Merquior, J. G.: Foucault. London 1985 (sehr kritisch)
Smart, B.: Michel Foucault. London, New York 1985 (zuwenig kritisch)

## Sammelbände

Arac, J. (Hg.): After Foucault: Humanistic Knowledge, Postmodern Challenges. New Brunswick 1990
Barry, A., Osborne, Th., Rose, N. (Hg.): Foucault and Political Reason. Chicago 1996
Caputo, J., Yount, M. (Hg.): Foucault and the Critique of Institutions. University Park 1993
Le débat 41, September–November 1986: Michel Foucault
Diamond, I., Quinby, L. (Hg.): Feminism & Foucault: Reflections on Resistence. Boston 1988
Erdmann, E., Forst, R., Honneth, A.: Ethos der Moderne. Foucaults Kritik der Aufklärung. Frankfurt a. M., New York 1990
Ewald, F., Waldenfels, B. (Hg.): Spiele der Wahrheit. Michel Foucaults Denken. Frankfurt a. M. 1991
Hoy, D. C. (Hg.): Foucault. A Critical Reader. Oxford, New York 1986
Gane, M., Johnson, T. (Hg.): Foucault's New Domains. London 1993
Gutting, G. (Hg.): The Cambridge Companion to Foucault. Cambridge 1995
Lloyd, T., Thacker, A. (Hg.): The Impact of Michel Foucault on the Social Sciences and Humanities. London 1997
Michel Foucault: Eine Geschichte der Wahrheit. München 1987 (frz. Paris 1985) (mit Beiträgen u. a. von C. Mauriac und P. Bourdieu)
Michel Foucault: J'accuse. In: New Formations. A Journal of Culture/Theory/Politics, 25/1995
Ramazanoglu, C. (Hg.): Up Against Foucault: Explorations of Some Tensions between Foucault and Feminism. London 1993

## Sekundärliteratur

Boyne, R.: Foucault and Derrida. The Other Side of Reason. London 1990
Clifford, M.: Political Genealogy after Foucault. Savage Identities, New York 2001
Cousins, M., Hussain, A.: Michel Foucault. London 1984
Deleuze, G.: Foucault. Paris 1986 (dt. Frankfurt a. M. 1987)
Dosse, F.: Histoire du structuralisme. 2 Bde. Paris 1992

Dreyfus, H. L., Rabinow, P.: Michel Foucault. Beyond Structuralism and Hermeneutics. Brighton 1982

Frank, M.: Was ist Neostrukturalismus? Frankfurt a. M. 1984

Fraser, N.: Widerspenstige Praktiken. Macht, Diskurs, Geschlecht. Frankfurt a. M. 1994

Geisenhanslüke, H.: Foucault und die Literatur. Opladen 1997

Girard, L.: Michel Foucault. Lire l'œuvre. Paris 1992

Gutting, G.: Michel Foucault's Archeology of Scientific Reason. Cambridge 1989

Habermas, J.: Der philosophische Diskurs der Moderne. Frankfurt a. M. 1985

Hebel, K.: Der Unterschied, der wir sind. Geschichte und Gegenwart bei Michel Foucault. In: E. Porath (Hg.): Aufzeichnung und Analyse. Theorien und Techniken des Gedächtnisses. Würzburg 1995

Honneth, A.: Kritik der Macht. Frankfurt a. M. 1986

Lemke, H.: Michel Foucault in Konstellationen. Maastrich 1995

Magiros, A.: Foucaults Beitrag zur Rassismustheorie. Mit einem Essay von James W. Bernauer: Jenseits von Leben und Tod. Zu Foucaults Ethik nach Auschwitz. Hamburg 1995

Megill, A.: Prophets of Extremity. Nietzsche, Heidegger, Foucault, Derrida. Berkeley, Los Angeles 1985

O'Farrel, C.: Foucault: Historian or Philosopher? London 1989

Ransom, J. S.: Foucault's Discipline. The Politics of Subjectivity. Durham, London 1997

Revel, J.: Le vocabulaire de Foucault. Paris 2002

Schäfer, Th.: Reflektierte Vernunft. Michel Foucaults philosophisches Projekt einer antitotalitären Macht- und Wahrheitskritik. Frankfurt a. M. 1995

Schmid, W.: Auf der Suche nach einer neuen Lebenskunst. Die Frage nach dem Grund und die Neubegründung der Ethik bei Foucault. Frankfurt a. M. 1991

Schnädelbach, H.: Das Gesicht im Sand. Foucault und der anthropologische Schlummer. In: ders.: Zur Rehabilitierung des animal rationale. Frankfurt a. M. 1992

Taurcck, B. H. F.: Französische Philosophie im 20. Jahrhundert. Reinbek 1988

–: Philosophie und Metaphilosophie. Cuxhaven u. Dartford. 2. erw. Aufl. 1997

–: Ethikkrise, Krisenethik. Reinbek 1992

–: Le statut de la philosophie dans la réflexion française et francophone de nos jours. In: Laval théologique et philosophique, 49,3/1993

–: Les apories du méthahistoricisme. In: La philosophie et son histoire. Essais et discussions édités par Gilbert Boss. Zürich 1994

–: Foucault im Kontext der französischen Philosophie. In: M. S. Kleiner (Hg.), Michel Foucault. Eine Einführung in sein Denken, Frankfurt a. M./New York 2001

–: Foucault im Kontext der französischen Philosophie. In: Chlada, M., und Dembowski, G. (Hg.): Das Foucaultsche Labyrinth. Eine Einführung. Aschaffenburg 2002

Visker, R.: Michel Foucault. München 1991

Wehler, H. U.: Die Herausforderung der Kulturgeschichte. München 1998

Auswahl von Arbeiten, in denen Foucault weiterwirkt

Braidotti, R.: Nomadic subjects. New York 1994

Burchell, G., Gordon, C., Miller, P. (Hg.): The Foucault Effect. Studies in Governmentality. London u. a. 1991

Delmas-Marty, M.: Pour un droit commun. Paris 1994

Ewald, F.: L'Etat-Providence. Paris 1986

Greenblatt, S.: Verhandlungen mit Shakespeare. Innenansichten der englischen Renaissance. Frankfurt a. M. 1983

O'Hara, D. T.: Radical Parody. American Culture and Critical Agency After Foucault. New York 1992

Halperin, D. M.: Saint=Foucault. Towards a Gay Hagiography. New York, Oxford 1995

Otto, S.: Das Wissen des Ähnlichen. Michel Foucault und die Renaissance. Frankfurt a. M. u. a. 1992

Said, E.: Orientalism. Western Representations of the Orient. London 1978

Sennett, R.: Fleisch und Stein. Der Körper und die Stadt in der westlichen Zivilisation. Berlin 1995

Taureck, B. H. F.: Poetic Turn in Philosophy? General Reflections with an Application: Shakespeare's MACBETH and some Faces of Modernity. In: Prima Philosophia, 9,2 / 1996

–: Shakespeare zur Einführung. Hamburg 1997

Veyne, P.: Comment on écrit l'histoire, suivi de Foucault révolutionne l'histoire. Paris 1978

# Namenregister

157

# Über den Autor

Bernhard H. F. Taureck lehrt Philosophie an der Universität Hamburg. Zahlreiche Veröffentlichungen und Arbeitsinteressen, u. a. «Französische Philosophie im 20. Jahrhundert»; «Ethikkrise, Krisenethik»; «Psychologie und Philosophie. Lacan in der Diskussion»; «Nietzsche und der Faschismus»; «Nietzsches Alternativen zum Nihilismus»; «Shakespeare zur Einführung».

# Quellennachweis der Abbildungen